一看就懂的短线跟庄全图解

汪　洋◎著

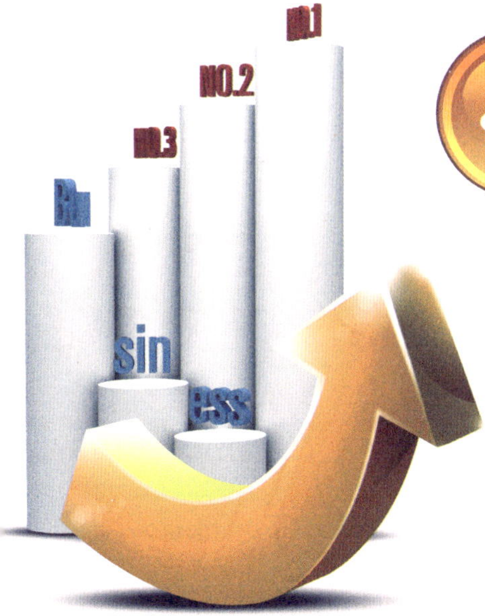

北京理工大学出版社
BEIJING INSTITUTE OF TECHNOLOGY PRESS

图书在版编目（CIP）数据

一看就懂的短线跟庄全图解 / 汪洋著. —北京：北京理工大学出版社，2015.6（2019.6 重印）

ISBN 978 - 7 - 5682 - 0519 - 1

Ⅰ.①一… Ⅱ.①汪… Ⅲ.①股票投资 - 基本知识 Ⅳ.①F830.91

中国版本图书馆CIP数据核字（2015）第 080090 号

出版发行 / 北京理工大学出版社有限责任公司
社　　址 / 北京市海淀区中关村南大街 5 号
邮　　编 / 100081
电　　话 /（010）68914775（总编室）
　　　　　82562903（教材售后服务热线）
　　　　　68948351（其他图书服务热线）
网　　址 / http：//www. bitpress. com. cn
经　　销 / 全国各地新华书店
印　　刷 / 北京市雅迪彩色印刷有限公司
开　　本 / 880 毫米 × 1230 毫米　1/32
印　　张 / 6.75
字　　数 / 150 千字
版　　次 / 2015 年 6 月第 1 版　2019 年 6 月第 6 次印刷
定　　价 / 31. 80 元

责任编辑 / 施胜娟
文案编辑 / 施胜娟
责任校对 / 周瑞红
责任印制 / 李志强

目录

第一章 跟庄先寻庄

第一节　想跟庄，就要像庄家那样思考……2
第二节　庄股只把机会留给有准备的人……5
第三节　在市场公开信息中寻庄……9
第四节　留意庄家的蛛丝马迹……13
第五节　在地量中寻庄……19
第六节　判断庄家强弱的标准……22

第二章 潜伏在庄家建仓时

第一节　庄家建仓会选什么样的目标……28
第二节　把握庄家建仓吸筹的时机……32
第三节　庄家吸筹建仓力图隐形……36
第四节　打压式吸筹建仓……40
第五节　长期震荡整理式吸筹建仓……44
第六节　拉高式吸筹建仓……49
第七节　借用K线图使庄家显形……53
第八节　庄家完成建仓的特征……59

第三章 别被庄家“洗”出局

第一节 庄家为什么要洗盘 …… 64

第二节 庄家四大洗盘手法 …… 66

第三节 庄家洗盘时的盘口表现 …… 72

第四节 透过成交量看洗盘 …… 75

第五节 洗盘结束的四大信号 …… 78

第四章 坐享拉升波段，让庄家为你抬轿

第一节 庄家拉升的市场时机 …… 84

第二节 庄家拉升前的试盘 …… 88

第三节 庄家拉升的三大手法 …… 95

第四节 庄家拉升的盘口表现 …… 100

第五节 庄家拉升的目标价位 …… 104

第五章 庄家出货，散户出逃

第一节 庄家出货赶紧逃 …… 108

第二节 掌握庄家出货的时机 …… 111

第三节 庄家出货的征兆 …… 115

第四节 庄股暴跌的特征 …… 118

第五节 庄家出货派发方式 …… 123

第六节 庄家的洗盘和出货 …… 131

第六章 如何应对庄家异动

第一节 突然涨停的应对策略 …… 138
第二节 突然跌停的应对策略 …… 146
第三节 开盘特殊手法的应对策略 …… 149
第四节 突然放量的应对策略 …… 155
第五节 突然缩量的应对策略 …… 160

第七章 短线跟庄实用技法

第一节 紧盯盘口，伺机而动 …… 166
第二节 底部放量后跟随进场 …… 171
第三节 瞄准庄家的破绽快速买进 …… 175
第四节 不抢庄家出货时的反弹 …… 179
第五节 及时卖出是跟庄关键 …… 182
第六节 几种应极力回避的庄股 …… 186

第八章 跟庄失败的应对方法

第一节 弃庄不犹豫 …… 190
第二节 量力而行，不和庄家比套 …… 197
第三节 及时止损是“保命”技能 …… 200
第四节 五大策略，告别套牢 …… 204

使用说明书

《一看就懂的短线跟庄全图解》是专门为下定决心投资股市的人士量身定做的一本操作指导手册。全书共分为8章，每章分为若干节，每节又分为若干关键点。为了能够让读者尽快掌握股市短线跟庄的技巧，本书的文字内容通俗易懂，在编排上也尽可能一目了然。

小节标题

对应本章节内容，提出跟庄在该方面的一个观点。

关键词

对应正文内容提炼出的关键词，点明了该段所要阐述的重点内容。

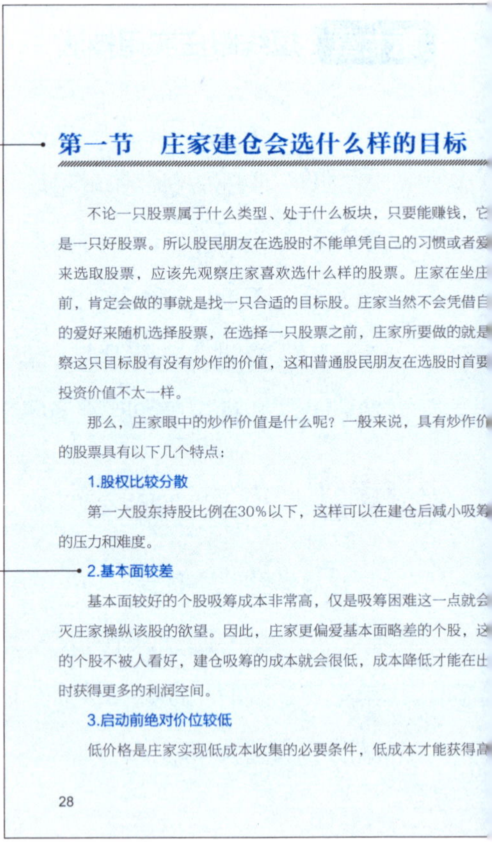

第一节 庄家建仓会选什么样的目标

不论一只股票属于什么类型、处于什么板块，只要能赚钱，它
是一只好股票。所以股民朋友在选股时不能单凭自己的习惯或者爱
来选取股票，应该先观察庄家喜欢选什么样的股票。庄家在坐庄
前，肯定会做的事就是找一只合适的目标股。庄家当然不会凭借自
的爱好来随机选择股票，在选择一只股票之前，庄家所要做的就是
察这只目标股有没有炒作的价值，这和普通股民朋友在选股时首要
投资价值不太一样。

那么，庄家眼中的炒作价值是什么呢？一般来说，具有炒作价
的股票具有以下几个特点：

1.股权比较分散

第一大股东持股比例在30%以下，这样可以在建仓后减小吸筹
的压力和难度。

2.基本面较差

基本面较好的个股吸筹成本非常高，仅是吸筹困难这一点就会
灭庄家操纵该股的欲望。因此，庄家更偏爱基本面略差的个股，这
的个股不被人看好，建仓吸筹的成本就会很低，成本降低才能在出
时获得更多的利润空间。

3.启动前绝对价位较低

低价格是庄家实现低成本收集的必要条件，低成本才能获得高

28

在阅读页面上，采用简单、清楚的学习界面，加上配图案例来辅助理解复杂的概念。通过这种可视化的阅读模式，使读者在阅读这本书时不会感到枯燥无味。只要掌握了这本书的内容，你就能迅速成为屡战屡胜的短线跟庄高手。

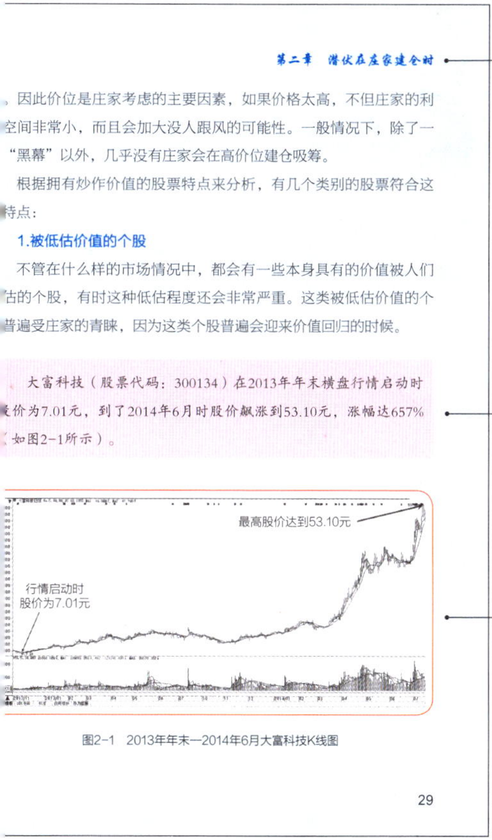

第二章　潜伏在庄家建仓时

。因此价位是庄家考虑的主要因素，如果价格太高，不但庄家的利空间非常小，而且会加大没人跟风的可能性。一般情况下，除了一“黑幕”以外，几乎没有庄家会在高价位建仓吸筹。

根据拥有炒作价值的股票特点来分析，有几个类别的股票符合这特点：

1.被低估价值的个股

不管在什么样的市场情况中，都会有一些本身具有的价值被人们估的个股，有时这种低估程度还会非常严重。这类被低估价值的个普遍受庄家的青睐，因为这类个股普遍会迎来价值回归的时候。

大富科技（股票代码：300134）在2013年年末横盘行情启动时价为7.01元，到了2014年6月时股价飙涨到53.10元，涨幅达657%如图2-1所示）。

图2-1　2013年年末—2014年6月大富科技K线图

29

章名

概述跟庄所涉及的各方面内容，每章为一个相对独立的主题。

配图案例

通过图文结合的方式，解读前文观点，便于读者深入理解。

第一章
跟庄先寻庄

在股市里的众多角色中，庄家一角无疑对股市发挥着举足轻重的作用。一般来说，庄家手中通常握有大量的资金、专业的设备，并拥有一支职业的操盘团队，他们利用这些条件对股市产生作用，来实现盈利的目的。普通股民并不具备这些条件，所以盈利的机会相对较少。但普通股民也可以借助庄家的平台，获得丰厚的回报。因此，很多股民对庄家存在着一种又爱又恨的矛盾心理。

纵观股市的发展历史，跟庄是一条达到炒股赚钱目的的捷径。想要跟庄，首先就要能找到庄股，但是庄家进场时都会十分谨慎，非常隐蔽，不会让人轻易发现。这就需要股民朋友们多发挥自己的才智，掌握跟庄的技巧和方法，通过各种蛛丝马迹去发现庄家，找到庄股。

第一节　想跟庄，就要像庄家那样思考

寻找庄股需要一定的技巧和方法，其中比较重要的就是换位思考，站在庄家的角度去考虑问题，只有这样才能号准庄家的脉，做到对症下药。但是，在股民朋友研究庄家的同时，庄家也在研究普通的股民，因此想号准庄家的脉也不是一件容易的事情。股民朋友可能要付出更多的努力，经历更多的失败才能达到目的。对于庄家而言，不管使用的操作手法是什么样的，其总体思路是一样的。

要想找到庄股，就必须去试着了解庄家的思路，尤其是要了解庄家的选股思路。那么庄家一般会选什么样的股票呢？庄家坐庄的目的就是赚钱，所以通常庄家在选股时会考虑到以下几个方面：

1.尽可能降低成本

最大化地降低成本是所有想启动行情的控盘主力和庄家的共同心愿，成本越低相对的收益就越大，成就感越大。为了达到降低成本的目的，控盘主力和庄家通常都是利用大量的跟风盘和获利盘的不断换手，来一步步抬高股价。

2.尽可能缩短时间

股市是最效率化的市场，庄家能一天走完的行情绝不会走三天，能一个星期结束的行情绝不会走一个月。所以在国外的一些成熟市场，比如在日本，一些题材股的炒作速度非常之快，快得令人瞠目结舌，股价三天涨一倍，两个星期涨五倍是常有的事。庄家想尽可能地缩短操作时间的另一个重要原因就是因为市场夜长梦多，万一碰上塑

化剂之类的“黑天鹅事件”，庄家便会蒙受重大损失，甚至是灭顶之灾，所以要尽量地缩短操作时间，尽早落袋为安。

3.尽可能赚得更多

尽可能多赚钱不单单是股民的目标，同样也是庄家的目标，庄家在选择股票时，首先要考虑的是能涨得多的股票，最好的股票就是超跌低价股，因为跌得深的股票上涨空间也大。还有就是企业远景好，题材的持久性很强的股票。如果一只股票企业远景好，题材又持久，那么庄家就可以为股民编织一个很大的梦想，手中持有该股的股民也就不会轻易抛售股票，行情可以越做越大。

4.尽可能降低风险

股市是风险与利益并存的世界，庄家与散户一样，想要获得的利益越大，冒的风险也就越大。但是庄家手持大量资金意味着他们不会做无谓的冒险，因此庄家一般都不会挑选风险系数过于巨大的个股，而是会挑选一些可以通过精密操控来降低风险的个股。

总结庄家的思路和优点，一般包括以下两个方面的内容：

一方面，庄家对曾经被疯狂炒作的个股没有兴趣。这样的个股由于曾有大量的庄家介入，所以继续操作的难度比较大，风险也比较大。所以庄家在选股时，首先要研判目标个股的大的技术形态，这与普通散户的选股方法不太一样。如果是普通散户自己选股，那么就要考虑基本面等问题，但是庄家不会考虑这个问题，因为如果一个公司的基本面好，那么其上涨的基础已经被奠定。如果一个公司的基本面不好，只要不破产挂牌，那么还可以通过重组或者给上市公司送钱等方法，将公司的基本面包装出来。这一点普通散户是无法做到的，也更加凸显了换位思考的重要性。

另一方面，一只个股在一段运行周期里大致可以分为几个阶段，分别是：震荡期、探底期、盘整期、上升期、主升期和下跌期。庄家的优势在于有专业的研究人员，可以对个股的运行周期有更深的理解，从中挑选出比较理想的介入时期，这是大多数以个人为单位的普通散户所无法比拟的优势。

了解了庄家的选股思路后，股民朋友就可以结合图表来寻找、锁定庄家。

股民朋友只有认真研究了成交量、股价变动的数据后，做最先发现庄家“马脚”的人，才能将自己的获利最大化。想要跟庄赚钱，就一定要学会换位思考，站在庄家的角度看待股市，只有这样才能玩转庄家，而不是被庄家玩弄于股掌之中。

第二节　庄股只把机会留给有准备的人

在股市中，庄家不会主动告诉散户哪只股票是庄股。想要找到庄股就要做好准备，如果找不到庄股，跟不上庄家的操作思路，只能说明你还没准备好，只有再下更多的功夫，做更充足的准备，才能在机会出现时把握住它。

做好准备是发现庄股的前提，那么怎样才能做好寻庄的准备呢？

1.关注公司的基本面

庄家在坐庄时由于有着雄厚的资金可能不会过于在乎基本面的问题，普通的股民朋友虽然无法操纵股市，但是可以增加自己获利的可能性。一只股票，如果相关公司有一个好的基本面，并且随后又有强庄介入，那么它就没有理由不涨。因此，对于股民朋友来说，认清一个公司的基本面是非常必要的准备工作。

从2014年11月6日上市至12月11日，中科曙光（股票代码：603019）连封22个“一”字涨停，其疯狂还不止于此，打开涨停后有1.46亿元的机构资金蜂拥买入该公司股票。该股的疯狂上涨，离不开庄家的推波助澜，而庄家选择该股的原因，除了它属于次新股的范畴以外，其本身也是国内唯一一家跻身世界前十强的高性能计算机企业，技术优势突出，公司基本面良好，拥有为庄家创造巨大利润的操作空间（如图1-1所示）。

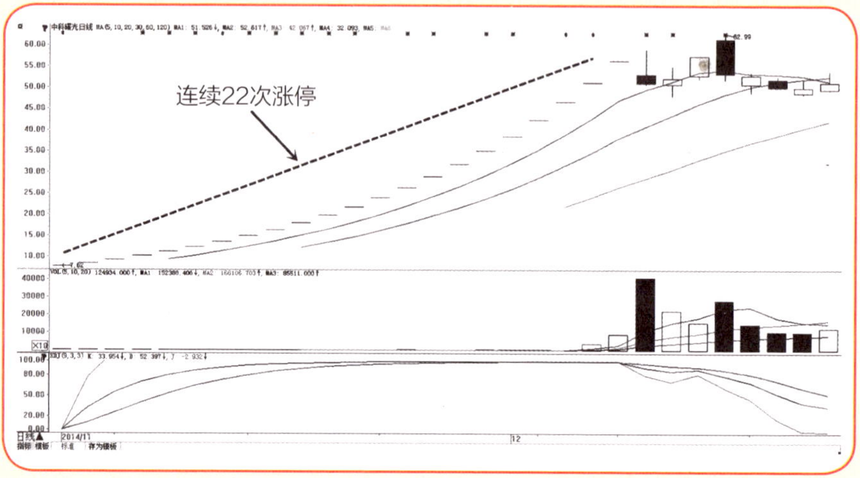

图1-1　2014年11—12月中科曙光K线图

2.平日多积累

股民朋友平时可以将一些有可能成为黑马股的股票列入关注列表中，每日通过筛选来淘汰一些不合格股票。

3.重点研究成交量

庄股的各种动作都离不开成交量的变化，成交量一定变化起来，就会在K线图上留下蛛丝马迹。量的突破说明庄家在活动，按技术分析的观点，底部区域和横盘区域都属于投资区域。庄家在建仓的阶段，将大量的资金整合，在股市趋势疲软时悄悄吸筹，使自己的平均成本更低。当庄家使用这种手法时，K线图上就会体现出股价波动越来越窄，成交量屡创低量的现象。一旦庄家吸足了筹码后，开始抬升股价，那么成交量也就会随之增加。因此，股民朋友应该多加关注底部区域和横盘区域的成交量变化，这样就能早庄家一步介入，从而坐收渔翁之利。

在2014年下半年营口港（股票代码：600317）的K线图上可以分析出一些庄家介入产生的现象。该股在除权后，经历了一段时长约为两个月的横盘整理阶段，在此期间，不断有小阴、小阳线交替出现，成交量也极度萎缩，但横盘期间有两次明显的单日放量过程，并且伴随着三次放量每次的股价都会抬高，虽然抬高的幅度非常小，但是意义重大。这样的现象表明主力横盘吸货的心态开始转变为迫不及待要抬升股价，之后极有可能股价会上涨。果然，随后股价出现了58.4%的涨幅（如图1-2所示）。

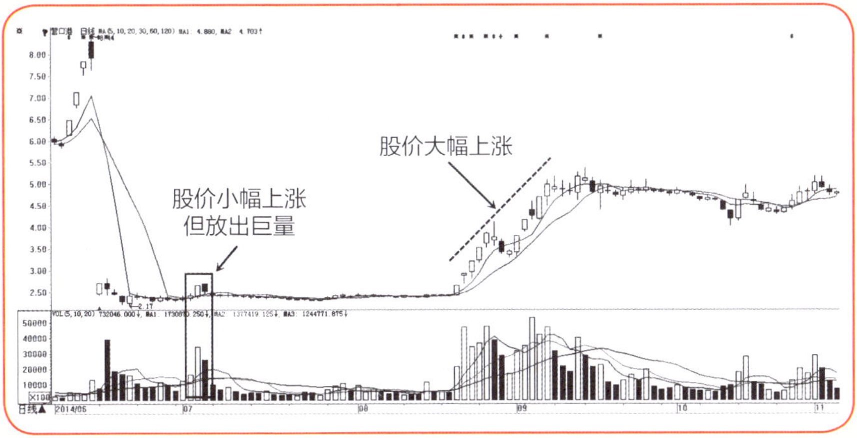

图1-2　2014年下半年营口港K线图

4.收盘后整理数据

在每一个交易日结束后要浏览一遍K线图，重点关注成交量突然大幅增加的个股。如果发现了连续放量并且股价小幅上涨的个股就要列入重点关注名单中。之后打开重点关注个股的历史K线图，寻找高价区域与低价区域在什么位置，依此判断当前位置是否在投资区域内，如果是在投资区域内，又发现庄家活动的迹象，就可以择机介入。

机会只留给有准备的人，股民朋友在有了充足准备的前提下，才能有效地抓住庄股提供的机会，在股市中快速套利。

第三节　在市场公开信息中寻庄

想在“股海”中找到一只有庄家介入的股票，对于股民朋友来说并不是一件容易的事。其实庄家在介入一只股票时，不可能所有的消息都通过自己的渠道来获取，因此庄家也需要参考市场公开的信息。而股民朋友恰恰可以从这个方面入手，做到庄看哪儿就看哪儿，这样就能很轻松地找到对庄家胃口的个股。那么在众多的公开信息中，有哪些信息有助于寻找庄家呢？接下来介绍几种根据市场的公开信息来寻找庄家的方法。

1.关注涨跌排行榜的变化

在涨跌排行榜中从第一名开始筛选，关注它们近期的走势，将强于大盘的个股筛选出来，再通过成交量和盘口的变化寻找庄家。

在2014年1月—2015年2月大智慧（股票代码：601519）的K线图上可以看出，在2014年7月4日成交量突然大幅增加，再结合当时股价在接近底部区域位置的情况，可以判断庄家介入的可能性很大。随后股价开始连续涨停，其中奥妙股民朋友应该可以看出来。凭借着这种连续涨势，在2015年2月2日大智慧荣登涨幅排行榜第七的位置（如图1-3所示）。

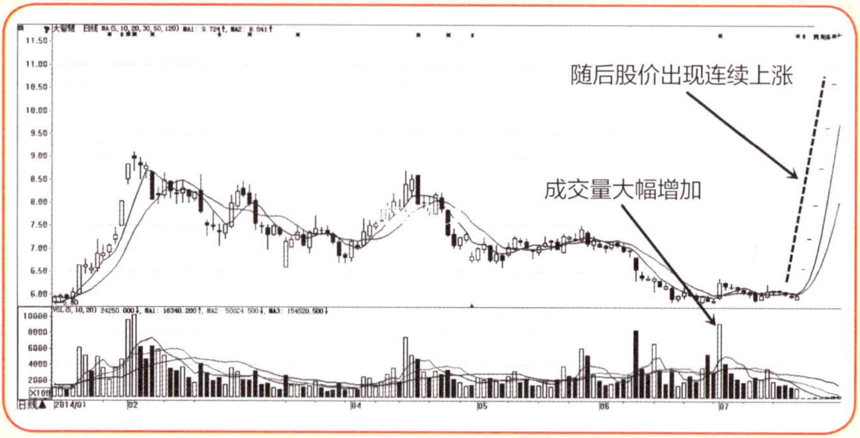

图1-3　2014年1月—2015年2月大智慧K线图

2.关注基金的持仓变化

在股市中基金是最大的庄家。每一季度基金都会公布一次持仓结构，股民朋友可以通过观察基金的新进品种或是增持品种，配合K线上股价的涨幅情况来判断是否有庄家介入。

3.关注强于大盘的板块

在指数板块中找出强于大盘的板块，再从这些板块中寻找领涨个股，从领涨个股中寻找庄家的身影。

4.关注个股的股东变化情况

每年的年中和年底都会公布上、深两市个股的股东情况。通过分析持股结构数量大小、成本情况和对比历史资料与现时资料的方法，就可以发现庄家介入的时间。

5.关注小盘股

庄家通常愿意坐庄小盘股，相对于比较规范的大公司，小盘股有诸多好处：

（1）小公司更愿意配合，容易得到支持；

（2）小盘股流通市值小，不需要天价资金；

（3）小盘股对大盘指数影响小，不易引起监管层的注意；

（4）坐庄时间相对比较短，更容易控制投资风险；

（5）对小公司可以进行包装。

从流通股数为14 713.75万股的小盘股赛为智能（股票代码：300044）的K线图上可以看到，虽然股价在上涨阶段有两次连续收出阴线的现象，但是其重心却在不断上移，属于典型的庄家控盘。而到了该股庄家出货时，股价不但没有大幅急速下跌，还经常收出阳线。这证明了介入该股的庄家实力雄厚，手中持有的筹码量比较大，不能在极短的时间内迅速出手，虽然在其操控下股价经常收出阳线，但是股价的重心却一直在下移（如图1-4所示）。

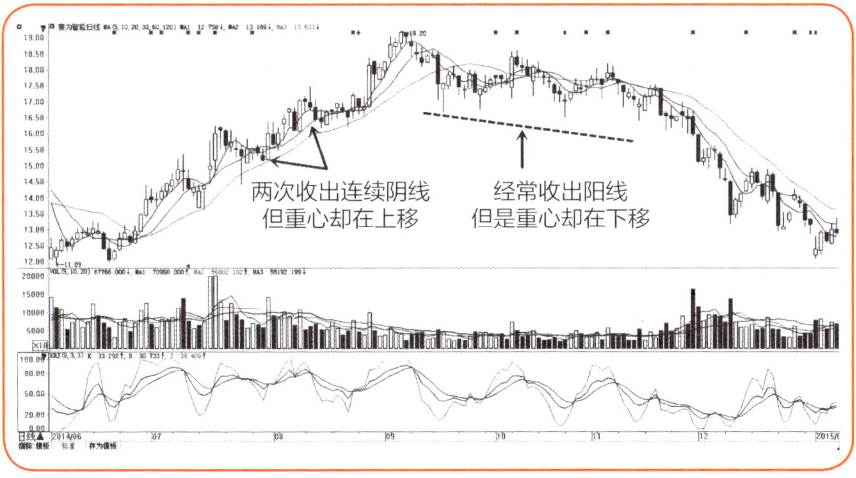

图1-4　2014年6—12月赛为智能K线图

6.关注个股基本面

随着股市发展的日渐成熟和体系的完善，其基本面会显得越来越重要，职业人士也要逐渐改变看重指标，而不看重基本面的习惯。因此重视基本面的程度会越来越高。

7.关注股评

股评不可不信，也不可尽信。股民朋友需要持客观的态度看待股评。有时庄家为了抬升股价会需要股评的配合，股评相应地就会做出“个股点评”或“热门推荐”等宣传手段。因此，凭借股评寻找庄家有一定的依据，但前提是要有足够谨慎的态度，才能通过股评来寻找庄家。

股民朋友在寻找庄家时，要做到事事都要经过分析以后再做判断，不管任何方法都要学会灵活运用，生搬硬套适应不了变化中的股市。

第四节 留意庄家的蛛丝马迹

在股市中，股民朋友想要判断一只股票是不是庄股、有没有庄家介入，比较好的方法是收集多方面的信息并进行综合分析再得出结论。有一部分股民热衷于听信小道消息的方法，这种方法有时确实可以奏效，但是很多小道消息并没有可靠的消息来源，因此风险系数也非常高。这些以“据说”“揭秘”之类开头的小道消息多数是不可靠的。庄家为了使自己的利益最大化，是不会提前把作战计划透露出来的，即使庄家的作战计划被无意间泄密，他们也有应对方法。所以，只有从多方面进行综合分析，寻找庄家留下的蛛丝马迹，才是可靠的找庄方法。

通常情况下，庄家介入一只股票后不可能做到完全“隐形”，因此庄家的动作会留下一些蛛丝马迹，这些痕迹通常都是无法彻底掩盖的。这就为寻找庄家的股民朋友提供了各种线索，如果能够关注这些蛛丝马迹，就能比较准确地判断出是否有庄家存在。那么庄家在介入一只股票后会留下哪些痕迹呢？

1.股价暴涨暴跌

庄家在坐庄时，虽然使用的手法千变万化，但是总体的思路是相同的。坐庄的过程通常都是先将股价拼命抬高或者通过各种手段造成股价偏低的假象；在拥有了一定的获利空间或者达到庄家目标值时开始出货，并且通过利用股民抢反弹等机会连续抛出，以达到获取暴利的目的。庄家的这种思路，就奠定了股价暴涨暴跌的基础。

在智云股份（股票代码：300097）的K线图上就出现了股价暴涨暴跌的情况，从2014年11月21日该股股价就出现了一种疯狂上涨的态势，直到2014年12月1日该股终于停止了这种疯涨。短短6个交易日的时间该股的涨幅就达到了32.9%。但是如果这时持股人还沉浸在获利的喜悦中，那么接下来就是乐极生悲了。从2014年12月2日开始该股又进入了急速下跌的过程，自此该股形成了一种完整的股价暴涨暴跌的态势（如图1–5所示）。

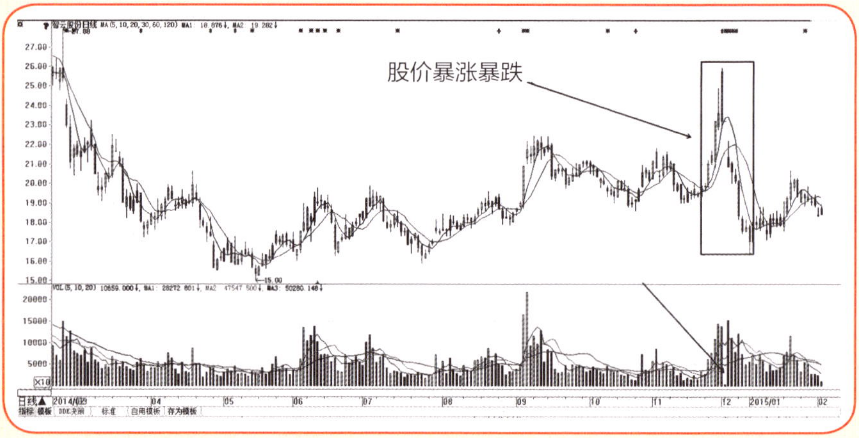

图1–5　2014年2月—2015年1月智云股份K线图

2.个股行情逆市而动

通常情况下，大盘的走向趋势会影响个股的走向趋势，但是有庄家介入的个股却并非如此。在大盘行情不好时，庄家可以通过逆市抬高股价的方法，快速吸收到一定的筹码。当收集到一定的筹码后，庄家可以再通过打压股价的方法来低价吸收普通股民因恐慌抛出的筹码，从而达到进一步提高持筹集中度的目的。庄家拥有了足够的筹码后，就可以轻易抬升股价，在大盘疲软时期，一只逆市而动的股票必然能吸引到散户的目光，这就为庄家日后出货埋下了伏笔。当股价抬升到一定程度，并且积攒了一定的人气后，庄家就可以借势大幅震荡出货，等到货出到一定程度后，就使用高台跳水反复打压的手段，直到股价回到原本的位置。

2013年12月—2014年2月，上证指数呈现出下跌趋势，跌幅达到10.3%，而新潮实业（股票代码：600777）在同一时间段股价不跌反涨，涨幅达到33.4%。由此可以看出，庄家介入后会对个股产生非常大的影响（如图1-6、图1-7所示）。

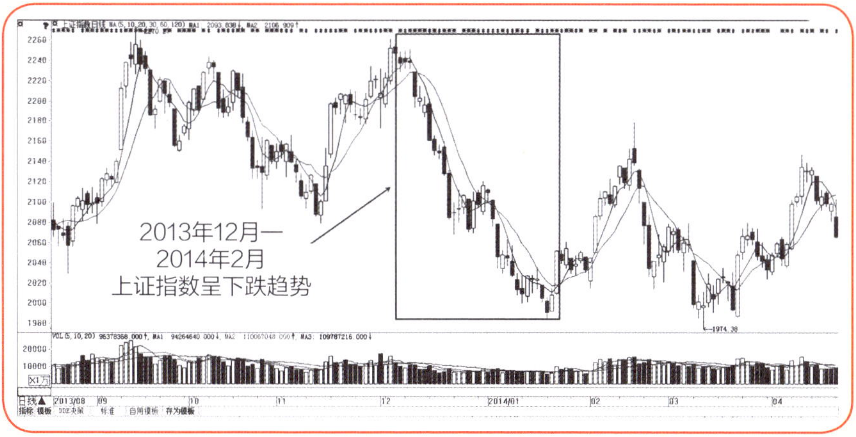

图1-6　2013年12月—2014年2月上证指数K线图

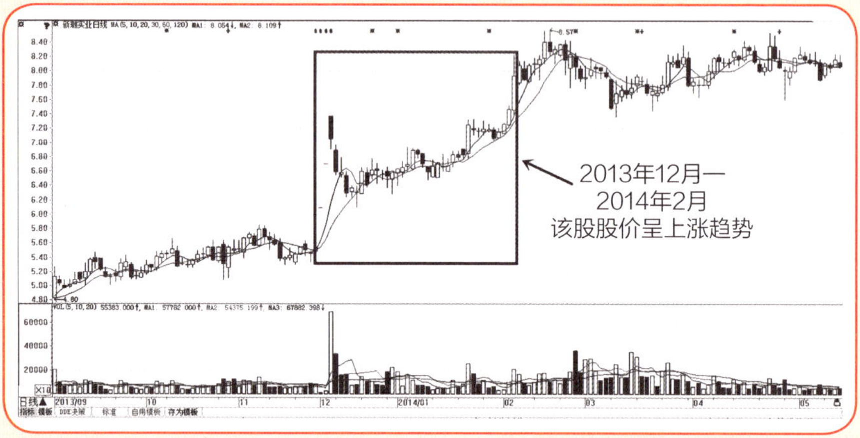

图1-7　2013年12月—2014年2月新潮实业K线图

3.交易行为异常

庄家介入一只股票后，一般会留下较为明显的痕迹：有时股价会莫名其妙地低开或者高开；有时会在尾盘拉高收盘价；偶尔会在尾盘出现较大的买单或卖单。一些庄家控制程度非常高的个股，甚至会出现强劲的单边上扬，之后又突然大幅下跌的现象。

4.成交量变化波动剧烈

庄家的建仓和出货都离不开成交量的变化，不论是底部放量拉高建仓还是庄股派发都会伴随成交量的变化，甚至有时庄家会通过对敲的方式来吸引股民的注意。不管庄家是以什么样的手段进行操纵，基本上都无法掩盖成交量的变化。

5.利空或利好对股价影响反常

一般情况下，股民朋友都懂一个道理，那就是利好消息有利于股价的上涨，而利空消息不利于股价的上涨。在庄股面前，就要改变这种绝对化的观点。庄家往往会和上市公司联手，因此庄家能够提前了解到上市公司的有关消息，正是利用这一点，庄家可以达到一些不可告人的目的。比如，一家上市公司将要发布的利好消息，庄家已经提前知晓，那么它就可以在上市公司发布消息之前放出一些利空消息，以达到降低建仓成本的目的。这类方法虽然多种多样，但是其结果都会造成利空或利好消息对股价的影响反常的现象。

在经历约一年的重组筹划后，成飞集成（股票代码：002190）2014年12月13日发布公告，因主管单位国防科工局怀疑其涉嫌“行业垄断”，终止购买评估价值为158.47亿元的战斗机等交易资产的计划，3个月内不再筹划重大资产重组事项。这一消息的放出直接导致了其股票连续3个交易日跌停，利空消息对个股的影响由此可见一斑（如图1-8所示）。

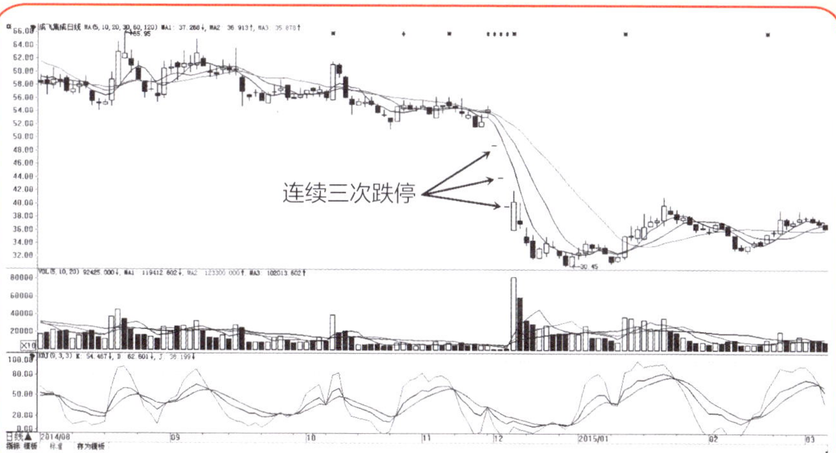

图1-8　2014年9月—2015年3月成飞集成K线图

一旦散户能够发现庄家留下的痕迹，就能顺利地找到庄家，在跟庄之路上快人一步。越早发现庄家，日后获得回报的可能性也就越大。

第五节 在地量中寻庄

在股市中，股票最基本的表现形式就是成交量和成交价。市场认同度高，那么成交量和成交价都会在高位；反之，成交量和成交价都会在低位。而在成交量和成交价的量价关系中，成交量又占据主导地位，成交价只是某一区域成交量的表现。因此，成交量是股民朋友不得不关注的一项数据。

地量往往在行情疲软、清淡时出现得最多。这时的股市人气不高，投资和交易不活跃，所以地量的出现几乎成了必然事件。

在股价将要见底的时候地量出现也比较频繁。当一只股票被炒作之后，股价一般都会回归原位，因为它的价值已经被暂时耗尽。虽然在股价下跌的过程中会出现地量，但是当股价下跌到一定程度时，就会出现大量的抛压行为，因此这时地量持续的时间都较短。但是在股价将要见底时，多数股民手中的持股已经抛出，手中依然持股的股民还对该股抱有希望，所以就会出现持续时间较长的地量。股民朋友如果能在这一时期介入，那么经过一段时间的等待，一般都会有所收获。

2013年12月2日，在经历了较长时间的庄家拉升后，百圆裤业（股票代码：002640）突然被巨量大单砸至跌停，由此拉开了崩盘式暴跌的序幕。短短5个交易日，该股股价由26.17元跌至17.77元，超三成市值化为乌有。而在股价暴跌之前，该股就出现了地量，成交量极其萎缩。该股的暴跌可以说是一种必然事件，在没有基本面的支持下，其炒作价值一旦被庄家利用完，那么回归价值的本质就成了一种必然结果，出现图中这种情况也不足为奇（如图1-9所示）。

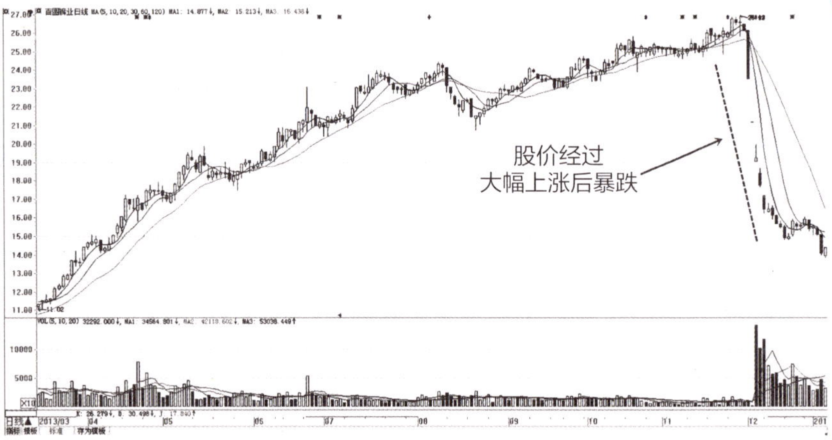

图1-9　2013年3—12月百圆裤业K线图

在庄家震仓洗盘的末期，地量必然出现。不论是什么样的庄家，在坐庄时都不希望为别人抬轿子，避免最后出货时套利压力大、损失利益情况出现。出于这种原因，庄家在抬升股价前会反复震仓洗盘。庄家在震仓洗盘期间，把握其中的度是非常重要的，那么庄家要怎样把握这种度呢？在庄家把握这种度时，地量的出现就是一种非常重要的参考信号。这时，不坚定的散户已经被洗出，场外持币观望的散户由于对后市信心不大，也不敢轻易入场，于是就形成了成交清淡、地量产生并持续一段时间的现象。

在拉升前的整理阶段地量也会间断性出现。庄家震仓洗盘就是为了让盘子变轻，减小抬升股价时的压力，降低坐庄失败的可能性，简单来说就是要在抬升股价前保持大部分筹码的锁定性，即“锁仓”。当庄家到了需要判断锁仓的程度时，地量的间断性出现就是一个很重要的参考数据，由于庄家要不断地对敲制造成交量来达到震仓的目的，因此地量就会间断性地出现。

地量在股市中有重要的参考价值，那么怎样判断地量呢？在判断是否是地量时，可以借助换手率来看。换手率与地量的相互关系，可以参考以下表格：

交易状态	换手率取值范围/%
绝对地量	小于1
成交低迷	1~2
成交温和	2~3
成交活跃	3~5
带量	5~8
放量	8~15
巨量	15~25
成交怪异	大于25

股民朋友在通过地量寻找庄家时要注意地量出现时盘中的情况，不要被庄家制造的假象所蒙蔽，给自己带来不必要的损失。

第六节　判断庄家强弱的标准

在股市中没有永远的敌人。虽然庄家拥有种种优势，可以从普通股民手中赚取大量的金钱，相对的，股民也可以借助庄家在股市中实现快速赚钱的目的。只要能跟住庄家的脚步，那么就有获利的机会；如果能跟对强庄的脚步，那么就会大大提高获利的可能性。反之，不但获利的可能性会大打折扣，还有扩大亏损的可能性。

股民朋友要知道的是，并不是锁定了庄家就一定能获利，庄家也存在强弱之分。并且，庄家也会犯错，有一些弱庄坐庄时，对大势的研判和个股的分析不够透彻，在想操纵个股时买入大量股票，坐拥大量筹码后一直推高股价，结果在高位时无法出局，陷于一种骑虎难下的境地。与这样的庄家“结盟”，最终也会一同受损。

而一些强庄的资金实力雄厚，人才济济，对整个大盘甚至是个股都能做出准确的分析，建仓之后就震仓，震仓后大盘就开始上涨，强庄快速拉离成本区，在中间时再震一次仓，保证自己的收益最大化。当股价飙升到一定高度时，选择人气最旺的时候大量出货。这个时候，即使庄家出货后溜之大吉，股价也会在高位维持一段时间，最先发现的人在关注到成交量的变化时，也能跟着及时出局。果决的人在看到股价破位向下时，马上止损。犹豫的人一拖再拖，仍然抱有幻想，最终错失良机，被深度套牢。

知道了“跟强不跟弱”的道理，又怎样才能在“股海”中寻找一个可以带你乘风破浪的强庄呢？这就需要参考一个重要的指标：盘口。

通过盘口的一般规律可以总结出以下一些判断庄家强弱的标准。

1.强庄股一般涨多跌少

一般强庄的表现体现在K线图上都是红多绿少，这说明强庄介入的个股上涨的时间要多于下跌的时间，阳线实体大于阴线实体，庄家做多的欲望比较强。相应地，个股的人气也就比较旺。

2.强庄股一般都能长时间保持自我走势

在股市中，自然发展的个股很少会摆脱大盘走出独立的走势。但是强庄介入的个股不单能保持独立的走势，还能持续较长的时间。表现在股价形态上，中短期的均线都是呈多头排列，整体上升趋势明显，涨跌有序，这些都是强庄介入的一些特点。

3.强庄股涨幅比跌幅大

一般有强庄介入的个股，涨幅都比较大，而跌幅比较小。这样的个股在上涨时常常能看到它在涨幅力度比较大的队伍里，而下跌时只有在跌幅程度比较小的队伍里才能看到它的身影，并且成交量高于盘中个股的一般水平。

4.强庄股一般具有比较强的抗跌能力

当一些突发事件发生并且不利于个股上涨时，许多机构没有相应的资金和应对策略准备，所以只能以股价下跌来回应这类突发事件。但是有强庄介入的个股却不一样，即使有突发事件发生，强庄股也能化解各种各样的不利因素，稳定股价，甚至有时能走出逆市向上的趋势。

5.强庄股一般比同类板中其他个股的走势更好

在目前的市场中，板块联动是较为明显的规律，常常表现为齐涨齐跌。但是有强庄介入的个股在基本条件差不多的情况下，在走势上会强于其他个股，甚至有时能在下跌趋势中摆脱联动效应。

对比2013年1—10月的长城汽车（股票代码：601633）的K线图（如图1-10所示）和同时期的江淮汽车（股票代码：600418）的K线图（如图1-11所示）就能够看出，长城汽车由于有强庄的介入，不但走势比较稳，并且上涨的幅度也比较大。2013年1—10月，江淮汽车的涨幅只有49.1%，而长城汽车的涨幅达到了130.9%，约是江淮汽车涨幅的3倍。

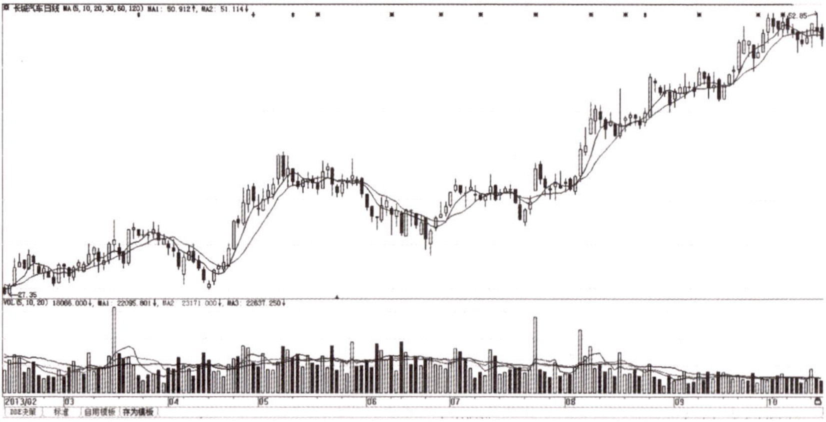

图1-10　2013年1—10月长城汽车K线图

图1-11 2013年1—10月江淮汽车K线图

股民在跟庄时，首先要考虑的就是所跟庄家的强弱，如果跟着弱庄的脚步前行，那么非但不能获利，还会有亏损的可能。只有跟着强庄，才有更多的机会获得丰厚的回报。

第二章
潜伏在庄家建仓时

在股市中，庄家要想坐庄，首先要做的就是建仓吸收筹码。建仓吸筹是否顺利对于庄家来说是非常重要的事，因为成功的建仓不但能降低操作成本，还能为此后的步骤奠定良好的基础。股民如果能够准确地了解庄家建仓吸筹的目标、时间、手法、持仓成本和K线图的特征，那么就能非常轻松地搭上庄家的大船在“股海”中乘风破浪。

第一节　庄家建仓会选什么样的目标

不论一只股票属于什么类型、处于什么板块，只要能赚钱，它就是一只好股票。所以股民朋友在选股时不能单凭自己的习惯或者爱好来选取股票，应该先观察庄家喜欢选什么样的股票。庄家在坐庄之前，肯定会做的事就是找一只合适的目标股。庄家当然不会凭借自己的爱好来随机选择股票，在选择一只股票之前，庄家所要做的就是观察这只目标股有没有炒作的价值，这和普通股民朋友在选股时首要看投资价值不太一样。

那么，庄家眼中的炒作价值是什么呢？一般来说，具有炒作价值的股票具有以下几个特点：

1.股权比较分散

第一大股东持股比例在30%以下，这样可以在建仓后减小吸筹时的压力和难度。

2.基本面较差

基本面较好的个股吸筹成本非常高，仅是吸筹困难这一点就会浇灭庄家操纵该股的欲望。因此，庄家更偏爱基本面略差的个股，这样的个股不被人看好，建仓吸筹的成本就会很低，成本降低才能在出货时获得更多的利润空间。

3.启动前绝对价位较低

低价格是庄家实现低成本收集的必要条件，低成本才能获得高收益。因此价位是庄家考虑的主要因素，如果价格太高，不但庄家的利润空间非常小，而且会加大没人跟风的可能性。一般情况下，除了一些“黑幕”以外，几乎没有庄家会在高价位建仓吸筹。

根据拥有炒作价值的股票特点来分析，有几个类别的股票符合这些特点：

1.被低估价值的个股

不管在什么样的市场情况中，都会有一些本身具有的价值被人们低估的个股，有时这种低估程度还会非常严重。这类被低估价值的个股普遍受庄家的青睐，因为这类个股普遍会迎来价值回归的时候。

大富科技（股票代码：300134）在2013年年末横盘行情启动时股价为7.01元，到了2014年6月时股价飙涨到53.10元，涨幅达657%（如图2-1所示）。

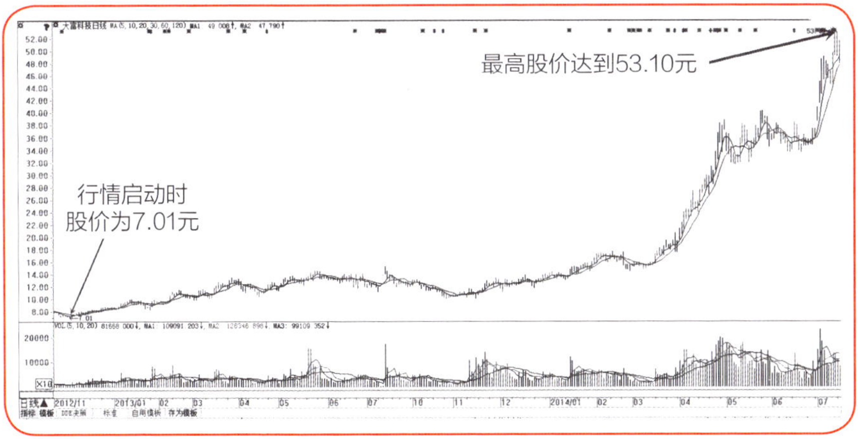

图2-1　2013年年末—2014年6月大富科技K线图

2.冷门问题股

有些个股总是会因为这样或者那样的原因被冷落，而庄家则看准这种时机买入，这样能确保庄家在较低的价位吸收到大量的筹码。

常发股份（股票代码：002413）在2014年上半年被誉为“十大冷门股之首”，但是在2014年7—11月，拉出了连续的一字涨停，股价从冷门时期的7.15元飙涨到了24.90元，涨幅达到了248%，从该股涨停情况可以看出庄家对冷门股出手的凶猛度和强硬度（如图2-2所示）。

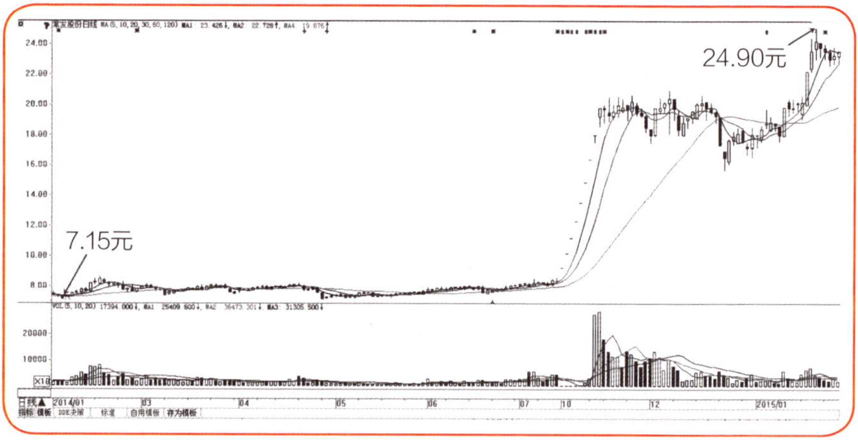

图2-2　2014年7—11月常发股份K线图

3.题材股

股票有没有炒作的价值，很多时候都要看该股是否具有可炒的题材。当一只股票具有了可炒的题材时，只要庄家摇旗呐喊，股民就会一呼百应。拥有了造就这样局面的能力，才能保证以后可以在高位顺利出货。

2014年年初，国家自然科学奖一等奖花落铁基超导领域，填补了该项奖项的连续三年空缺。百利电气（股票代码：600468）是同类上市公司中的佼佼者，因此在题材出现时，立刻就受到庄家的关注，庄家介入后，股价虽有几次小幅下跌，但是却阻挡不了上涨的大趋势（如图2-3所示）。

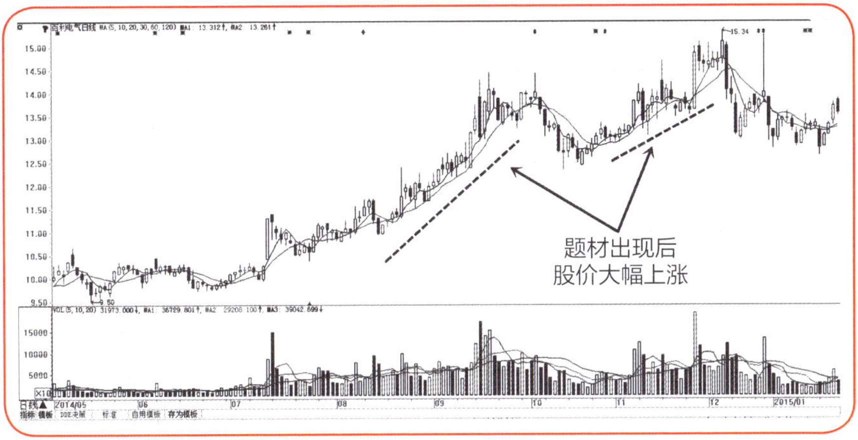

图2-3　2014年5月—2015年1月百利电气K线图

股民朋友在跟庄操作时，一定要对庄家的选股特点和习惯进行比较、研究，全面地了解庄家后，再去决定如何介入、何时介入，只有这样才能搭上庄家的顺风车去赚取可观的利益。

第二节　把握庄家建仓吸筹的时机

庄家在经过了一系列的调研、策划后，就会在确定一个炒作目标的同时制订一个比较详细的计划，当准备工作都完成后，就需要考虑介入的时机了。介入的时机对于庄家来说非常重要，如果介入时机不对，轻则增加庄家操作过程中的难度，重则会直接致使庄家坐庄失败。

庄家一般都会耐心地等待大盘底部或者利空消息出现，以确保尽可能地降低其持仓的成本。大盘底部每年出现的机会都很小，可能一年只会出现一两次。相对于大盘底部的出现概率，利空消息的出现概率会比较大，尤其是年末两次报表公布的时候，或者是重要政策底部出现的时候，都是利空消息出现频率比较高的时候。通过对这样的规律进行分析，也就能比较容易地找到庄家建仓的时机。一般来说，庄家的建仓时机有以下几种：

1.年报公布时

庄家在上市公司公布年报的时候一般都会寻找年报中出现巨大亏损，或者业绩下滑的内容，如果这时有利空消息的配合，那么股价会加速下跌。庄家在此时吸筹不仅能吸收到大量的低价筹码，还会让普通股民进入庄家已经出局的误区。庄家这类既隐蔽又有效率的方法通常被叫作借利空吸货。

2.股价超跌有反弹趋势时

超跌股的价值有时会被严重低估，这就给庄家提供了机会。在股价严重下跌时，庄家只要用很小的代价就能稳定股价，这时抄底盘就会蜂拥而至，很快就能将股价抬升起来。这样抄底盘就帮庄家省下了很多资金，助了庄家一臂之力。

露笑科技（股票代码：002617）就属于一只超跌股，该股的股价在2012年5月底时一直就维持在7元左右。直到2013年12月3日该股才在庄家的引领下，重新上涨，在庄家的推动下，该股终在2014年5月29日站上了31.46元的高位，涨幅达到了惊人的301%（如图2-4所示）。

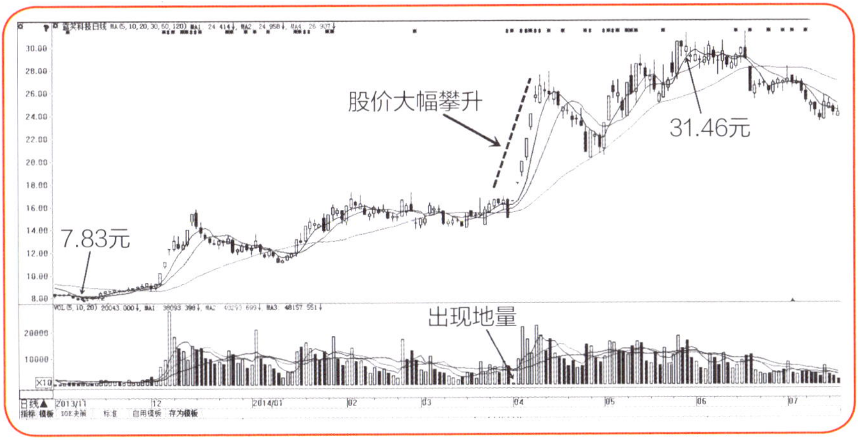

图2-4　2013年11月—2014年7月露笑科技K线图

3.当宏观经济由“软”向“强”转变时

一旦宏观经济运行疲软，那么居民购买力就要下降，市场变得萧条，消费和投资意愿会变得不强，股市也无法摆脱影响，陷入熊市阶段。当宏观经济有转变的迹象时，刚刚从熊市阴影中走出来的股民朋友，对股市前景抱忧不抱喜。而庄家则是会把握这种大好时机，在底部收集筹码，当股民朋友反应过来时，指数已经被抬高，庄家正好借助人气继续抬升股价，套现获利。

4.公司业绩大幅改观但没有被市场发现时

一般庄家和上市公司都有一定的联系，所以消息虽然还没有被公布，但是庄家已经得知了，这时庄家就可以低价吸筹，为日后的高额回报打好基础。随着这类股票的价值体现，股价一般都会有回归的过程，这样也就有了炒作的题材，庄家想抬升股价就变得非常容易。

航天机电（股票代码：600151）2012年亏损达到了8.9亿元，但是在2013年该上市公司就扭亏为盈1.41亿元。在这一损一盈之间，就产生了庄家介入的绝好时机。从图2-5中可以看到，在庄家介入后，该股开始大幅上涨，紧随其后的就是连续下跌。庄家在较短的时间内就完成建仓、拉升和出货的整个流程，动作一气呵成。

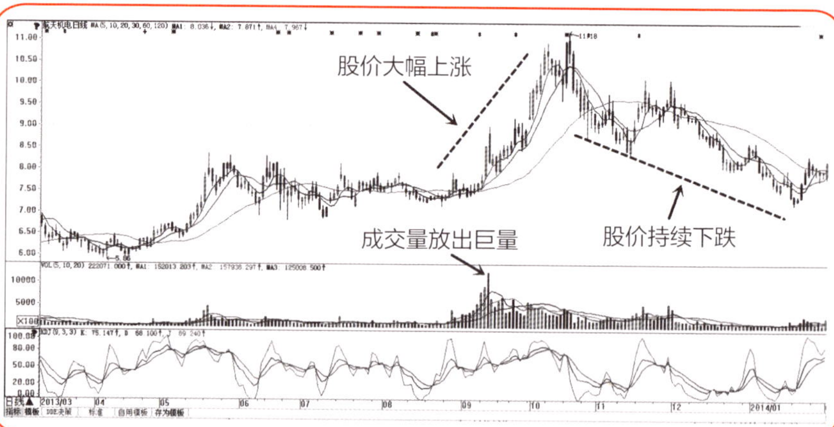

图2-5　2013年3月—2014年1月航天机电K线图

5.年末时

在年末时，政府会召开一系列的会议以确保年底计划可以有效地实施，并且安排下一年的计划，与此同时管理部门也会进行财务税收的检查。这时各种各样的传闻、消息出现的频率也最高，这些传闻、消息对股市的影响都比较大，股价产生的波动变化也随之变得剧烈。这时不仅建仓吸筹的机会比较多，成功的概率也比较高，因此庄家都会好好把握这段时期。

6.重要政策出现底部时

庄家在政策出现底部或者大盘指数下跌到一个重要的整数关口时，往往会和场内的庄家配合做出诱空现象，当出现诱空现象时，股民就会开始恐慌性抛出，庄家就可以趁机低价吸收大量的筹码。

股民朋友如果能够把握庄家建仓的时机，那么就能抢占先机更加容易地搭上庄家的顺风车，在股市中获利。

第三节 庄家吸筹建仓力图隐形

庄家在建仓吸筹时总是希望能够达到“隐形”的效果，这样可以使其建仓吸筹难度变小，也能为顺利出货打好基础。所以悄悄吸货和不声不响地抢筹码就成了庄家建仓时最常用的手法。但不管庄家多么小心、动作多么轻微，都会在K线图上留下蛛丝马迹。因此，相比经常被人关注的热门股，庄家更青睐于不被人们注意的冷门股。

庄家在介入冷门股时，作为一个新介入的势力，如果动作过大，那么就很容易被人注意到。因此，庄家要想不被人注意，就必须拆解手中的大量资金，多次少量地购买。这对于资金量非常大的庄家来说就需要足够的耐心，这种方法虽然时间长，风险系数却比较低，而且未来的涨幅也会比较大。

庄家在吸筹时力图隐形，那么股民朋友该从何处下手才能发现庄家打算建仓吸筹呢？一般来说，股民朋友可以通过参考以下几个方面来判断是否有庄家在建仓吸筹。

1.参考成交量

庄家介入某一只冷门股票后，势必会造成成交量的变化。在庄家的吸货阶段，成交量会呈现出一种温和的放大，大多数股民对这种温和放量的敏感程度非常低，甚至对该股的敏感程度都非常低，因此就错失了很多的机会。其实这种温和的放量有时就是庄家介入的典型标志。

一般庄家在吸货时有两种情况会出现温和放量：一种情况是在成

交量萎缩的情况下，突然在某一天出现温和放量，但不足以引起他人的关注，并且这种情况持续了一段时间，在K线图上形成一种成交量柱体每天形态都差不多的现象。这并不是一种偶然的现象，而是庄家在耐心地吸货，一般庄家想要吸收足够的筹码就要维持大概两周的温和放量。只要把这些成交量累积起来，就能估计出庄家的吸货程度。另一种情况是成交量突然出现递增性质的温和放量，并且股价也在小幅抬升。这是由于庄家的耐心已经开始向迫不及待转变，这种转变也预示着股价即将进入攀升的阶段。

2.参考K线

用通过参考K线的方式来寻找庄家吸货时机时，股民朋友一定要提高对带有长上影线或者长下影线十字星的重视程度。

通常K线图中出现十字星都意味着有不寻常的事情发生。十字星在高价区域出现并且伴随着巨量，很可能就是因为庄家出货所造成的。十字星如果在低价区域反复出现，并且伴随着温和的成交量，则有可能是庄家吸货所造成的。在低价位区域，十字星的出现通常都代表着市场疲软、股民看淡后市，然而如果这些十字星夹杂着小阴小阳不断出现，逐渐形成一个横盘区域，并且延续了比较长的时间，就说明庄家已经悄悄地吸收了筹码，市场的悲观气氛持续不了多久了。

2014年3月25日，鸿特精密（股票代码：300176）的K线图上在高价区域出现了带有长下影线的十字星，并伴有巨额的成交量，这正是庄家出货所造成的现象，也是给股民朋友发出的出局信号。结合K线图接下来的走势来看，如果股民朋友没有及时出局，那么所要承受的就是巨额损失（如图2-6所示）。

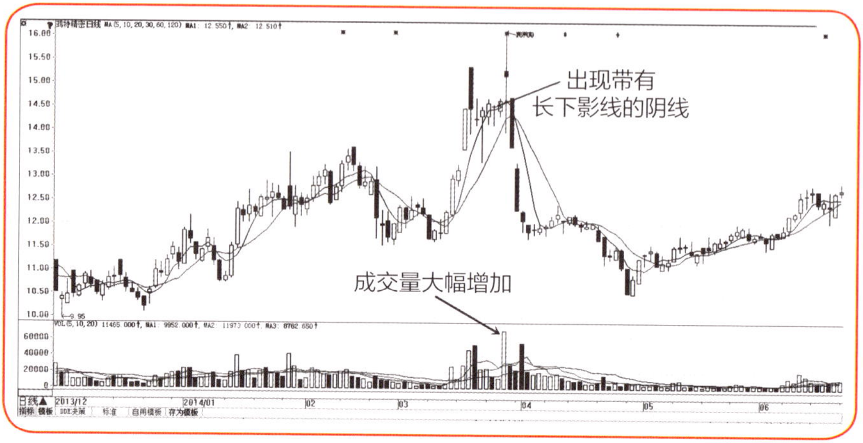

图2-6　2013年12月—2014年6月鸿特精密K线图

当庄家在横盘阶段吸收了一定量的筹码后，该价位区域的流动筹码就变得非常稀少，因此庄家只能小幅抬高股价，以便能在新的价位继续吸货。庄家的这种举动就会在K线图上留下逐渐向上的小阳线。由于这些小阳线波动幅度非常小，因此经常会被股民朋友忽视，丢失一次获利的机会。

在K线图上寻找庄家建仓吸货的痕迹，有非常必要的前提条件，这个前提就是庄家吸货留下的痕迹一定会出现在股价长期下跌后的低价区域或者经常被股民忽略的位置。为了能够悄悄地进行吸筹，避免给自己带来不必要的麻烦，庄家除了特殊情况外，基本上不会在高价区域、人们经常关注的地方建仓吸筹。

3.参考传闻

当庄家进行隐形建仓吸筹时，如果将“隐形”贯彻得更彻底，那么往往还会放出利空传闻，这样在绝望的股民抛出的时候偷偷吸收，庄家不但能低价吸收筹码，还可以很好地掩护自己的身份。

如果在庄家留下吸货痕迹的时候出现了利空传闻或者消息，那么正好可以证明庄家的意图。不过恰恰是这样的综合信息反应，更能坚定一小部分观察敏锐、经验丰富的股民的信心。

股民朋友不管面对庄家怎样的建仓吸筹手法，都要提高警惕，有时看似有利的环境很可能是庄家送出的“糖衣炮弹”；有时正好与之相反，看似最危险的地方其实是最安全的地方。

第四节　打压式吸筹建仓

庄家的建仓吸筹方法多种多样，打压式就是庄家吸筹建仓的方法之一，这种方法通常也被股民们戏称为“趁火打劫”式。不管哪种叫法，都能从中窥见来自于庄家种种优势的霸道。不管是在牛市还是熊市，庄家希望能把建仓吸筹的成本降到最低，低价的筹码令庄家向往，也让庄家头疼。为了能够把散户手中的筹码廉价收购过来，庄家需要采取多种策略配合，这些策略中“打”是非常重要的一个环节，庄家打得好就能逼迫散户低价清仓处理，打得不好吸收不到低价的筹码也就赚不到什么钱。

打压式吸筹经常被庄家用在大盘或者板块人气不高、行情疲软或者利空消息出现的时候。当股民们受到这些因素影响时，就会出现恐慌的情绪，庄家在下档先埋下大单，然后靠小单低价卖出，进一步加重股民的恐慌程度。在恐慌的煎熬中，大部分股民会支撑不下去，最终忍痛割肉。其实庄家还是把大多数筹码卖给了自己，这么做的目的只是打压股价，受不住煎熬的股民看到股价下跌而且伴随着成交量，也就纷纷卖出，这样正好如了庄家的愿。

通常，庄家“打压”的方式有以下几种：

1.利用市场或者个股的利空消息打低股价

通常在市场或者个股的利空消息出现后，股价都会有一定程度的下跌。庄家会充分利用这个时机打压股价，使散户吐出筹码，以便自己能够低价收集筹码。

2014年12月15日，此前一度被市场寄予厚望的成飞集成（股票代码：002190）发布公告称，由于国防科工局认为重组实行后，将消除特定领域的竞争，形成行业垄断，建议终止重组。重组失败的成飞集成股票大幅下挫，成为2014年最“坑爹”个股之一。融资买入成飞集成的融资客，出现了爆仓后被券商强制平仓的情况。面对这种特大利空，手持该股的股民也是十分惊恐，庄家借此机会大胆出手，用连续三个跌停将股价大幅压低，洗出巨量跟风盘。当庄家洗盘完成后，股价又开始缓慢回升，足见庄家手段之凶猛（如图2-7所示）。

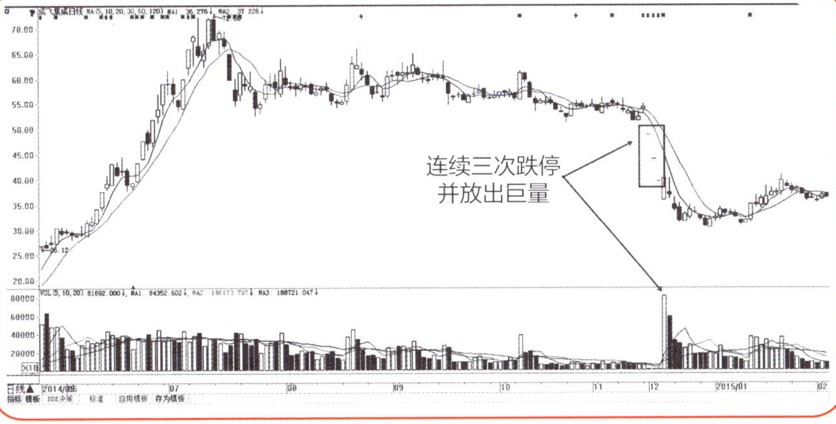

图2-7　2014年6月—2015年1月成飞集成K线图

2.利用大盘调节阶段不断打低股价

庄家偏爱于在股价下跌时落井下石，让股价一跌再跌。这时散户每天都会因为下跌的股价而感到心慌，当这种心慌持续了一段时间，并且触碰到部分散户的底线时，就容易出现集体恐慌性抛出的现象。这时庄家就会“拎着麻袋”站出来收集便宜货。特别是绩优股或科技板块的个股，庄家是绝对不会放过这种有价值却下跌的股票的。

3.构建各种顶部形态

庄家会在个股中构建各类的股价形态，如圆弧顶、M形顶、多重顶、尖顶等，诱使股民抛出手中的筹码，以便自己能够低价吸收。

2014年8—9月，益生科技（股票代码：600183）的K线图曾形成M形股价形态。由于这只个股的盘子比较小，因此庄家用了比较少的时间就让股价下跌了5%左右，不少股民接受不了这种上涨后的下跌行情，纷纷抛出手中的股票以便能保住到手的利益，在庄家的推动下，该股在2014年10月8日创出了股价新高（如图2-8所示）。

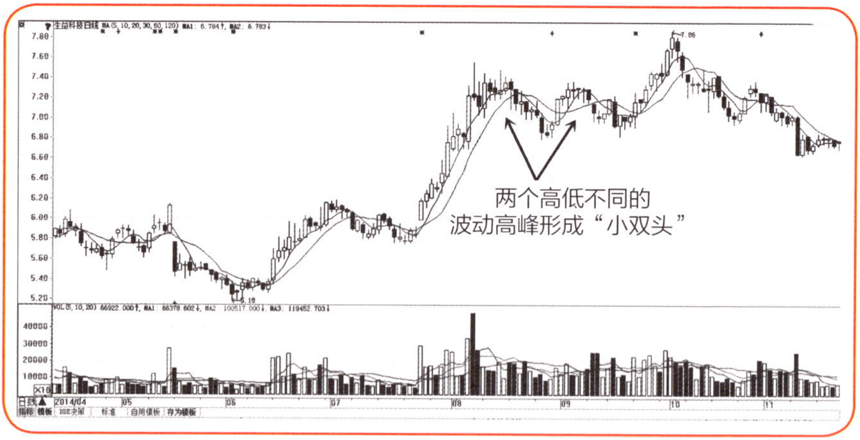

图2-8　2014年4—11月益生科技K线图

4.利用大盘及个股跌破重要技术支撑位打压股价

大盘以及个股跌破重要支撑位的时候，非常容易引起股民的恐慌性抛出，这恰恰是庄家愿意看到的现象，也是庄家打压股价、吸收筹码的惯用招式。这些关键的支撑位包括：

（1）均线系统支撑位；

（2）技术形态的颈线位；

（3）上升通道的下轨线；

（4）密集成交支撑区；

（5）上涨或者下跌趋势线的支撑线；

（6）技术指标支撑位；

（7）大型缺口的下边缘线。

庄家可以利用资金在股价濒临这些支撑位时推波助澜，使股价得到瞬间的穿透力，击穿这些支撑位，促使股民以为股价已经破位，看淡后市。这样庄家就能轻松地接收股民低价抛出的筹码。

股民朋友在面对庄家的“拷打”时，一定要保持冷静的头脑，只要手中持股的股价在一个比较低的位置，那么就不用害怕庄家的打压。

第五节　长期震荡整理式吸筹建仓

庄家在绩优股中吸收低价筹码时，最常用的方法就是长期震荡整理。由于绩优股有着优良的基本面和良好的成长性，因此对于庄家来说，吸收绩优股的低价筹码是一种能够获取暴利的方式。但是吸收绩优股的筹码也存在一定风险，一般绩优股一旦有价格异动就会引来非常多的跟风盘，如果庄家还采用打压股价的方法，那么不但不能吸收新的筹码，就连抛出的筹码也会被其他跟风盘接收。因此，这时庄家通常都会采用长期震荡整理的方法吸货：在大盘上涨的时候放置大卖单，这种大卖单通常可以抑制住股价的上涨，吓走多头；在股价下跌的时候，分批放置小买单，吸收筹码，当股价临近支撑位的时候再放上大买单，使空头无处用力。这样股价就会在上压单和下托单的区域内运行。在这种区域内运行的股价，由于横盘的时间比较长，一般股民就会失去对该股的兴趣，纷纷抛出，这样庄家就可以大肆收集低价筹码了。

这种庄家收集筹码的方法在走势图上又可以细分为以下几种：

1.横盘型

横盘型长期震荡整理是指庄家在某一个价位动用大手笔，将抛单全部吃下。此时庄家如蓄势猛兽，只要股价稍微冒头，庄家就会猛力打压，如果出现了抛售，那么庄家就照单全收。这种情况体现在K线图上时会存在K线图上阴阳相间和成交量比较均匀两个特点。股民朋友可以配合瑞普生物（股票代码：300119）的K线图来更直观地理解横盘型长期震荡整理式吸筹建仓的方法（如图2-9所示）。

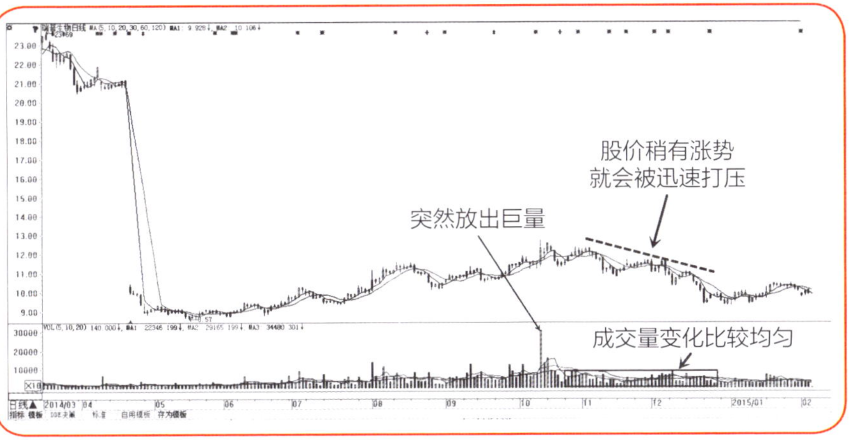

图2-9 2014年3月—2015年1月瑞普生物K线图

2.箱体型

低位震荡吸货的个股，股价的走势像是装在箱子里的皮球一样上蹿下跳，这时庄家不会单单承担买家的角色，也会承担卖家的角色。当股价下跌时就吸收筹码，在股价上涨时就用大单抑制住股价的上涨，这种现象体现在分时走势图上就是急跌慢升的趋势形态。通常情况下，这种建仓的方式被庄家用于新股、次新股或者盘子较小的个股上。

松德股份（股票代码：300173）的股价在2014年就经历过长达一个月的箱体型震荡，股价在箱体内来回上蹿下跳。当经过股价的一番折磨后，庄家只放出了一点甜头就有一些股民为了摆脱这种精神折磨纷纷抛出股票。结果当庄家收集了足够的筹码后就开始大肆抬升股价，使刚刚抛出的股民叫苦不迭（如图2-10所示）。

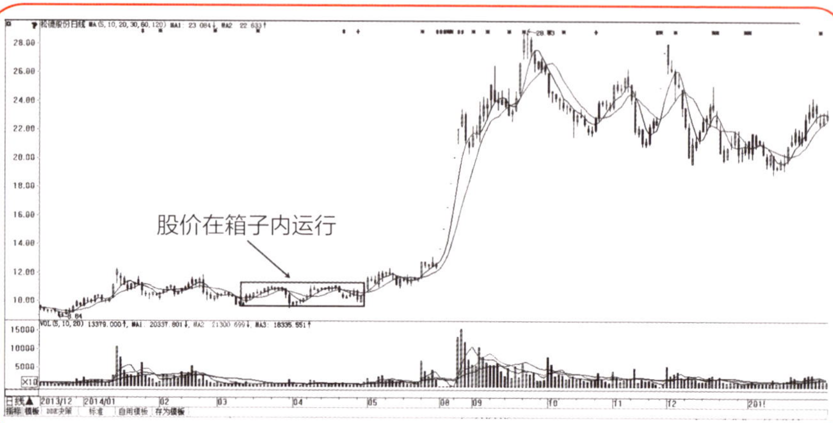

图2-10　2014年松德股份K线图

3.低位加码型

如果庄家把价位抬高到一定程度时，大盘出现疲软的态势，那么庄家很可能会吃不下所有的抛盘，这样庄家就只能选择边战边退的策略。等到空方的力量被消耗得差不多了，再集中力量，将被吃掉的利益抢回来。这类个股一般都具有成为黑马股的潜力，因为从表面上看这类个股的发展趋势比较稳定，但是由于庄家已经高度操盘，一旦上涨很可能就变得一发不可收拾。

2013年3—6月可以说是股市陷入黑暗的一段时间，上证指数在2013年6月25日下跌到了1 849.65点。在这种大盘环境下，介入个股的庄家也可谓倍感压力。例如介入康美药业（股票代码：600518）的庄家就不得不采取了一种边战边退的策略来进行软操作。由于大盘不景气，股市中看空的人居多，个股抛盘也就变得十分庞大，庄家的操作难度增加，无法一次性接下所有抛盘，因此只能抬升股价，稳定住部分股民，消磨空方力量。等到庄家积攒了足够的力量后，便开始迅速拉升、出货，吃回损失的利益，在K线图上留下了上涨后又迅速下跌的痕迹（如图2-11、图2-12所示）。

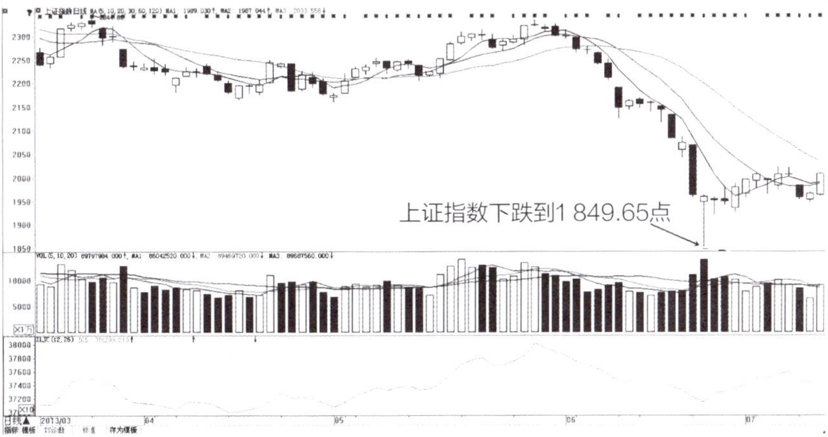

图2-11　2013年3—7月上证指数K线图

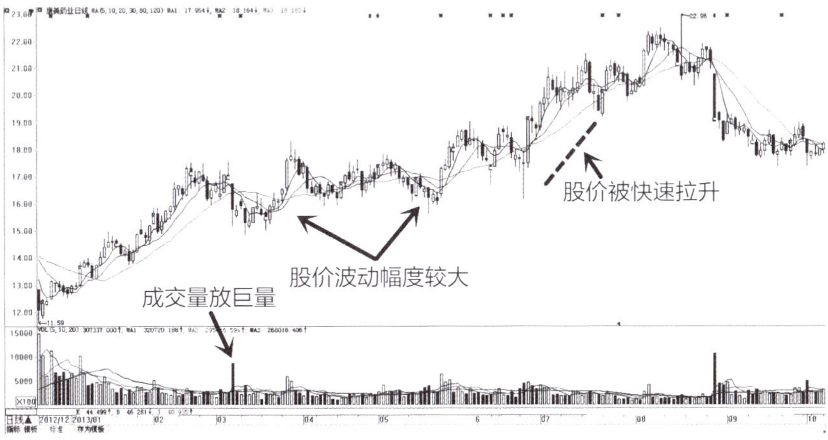

图2-12　2013年2—9月康美药业K线图

股民朋友在遇到庄家使用长期震荡整理的手法来吸筹建仓时，一定要保持足够的耐心。俗话说“心急吃不了热豆腐。”如果股民朋友一味地追求速度，那么就很可能会白白放跑一次获大利的机会。

第六节　拉高式吸筹建仓

拉高式吸筹建仓也是庄家常用的方法之一，不过庄家想使用这种建仓吸筹的方法就必须考虑以下几个前提条件：

（1）股票的绝对价位不高；

（2）公司后市有利好消息或者有可以炒作的材料；

（3）有大比例分配方案；

（4）大盘处于牛市初期或者中期；

（5）庄家本身具有足够的资金控盘。

只有满足了上面这些前提条件，庄家才能顺利地运用拉高式吸筹建仓的方法。

一般的股民会认为庄家要降低成本就必须在低价位吸筹建仓或者边打压股价边吸筹。庄家的拉高式吸筹建仓的方法正是利用了股民的这种惯性思维，当庄家采用与这种惯性思维相反的拉高式吸筹建仓的方法时，股民朋友往往会落入庄家布置好的圈套当中。

与一般庄家在低价格区域的“隐形”吸筹不同，拉高建仓是庄家提高买价收购，显得更加高调，也更容易迷惑普通股民。当然庄家不会好心到给股民让利，通常庄家这样做会发生以下的情形：

（1）一些庄家专攻短线，在高价位的区域迅速完成建仓、洗盘和拉升，不拖泥带水，力求速战速决；

（2）一些绩优股的上涨潜力非常大，股民不肯轻易放手，庄家迫不得已才在高价位吸筹；

（3）为了让个股与大盘炒作同步，提高个股人气，以便于把股价炒到更高的价位，引发狂热的购买。

介入黔源电力（股票代码：002039）的庄家就有一些“心急”，直接在中高位进行了吸筹工作，之后拉升、出货一气呵成，在众多股民还没缓过劲儿来的时候就已经满载而归，显示出了一个老到庄家的魄力（如图2-13所示）。

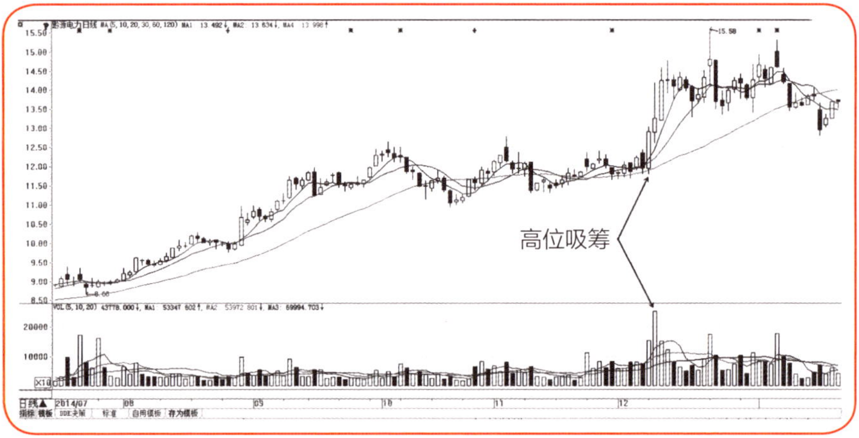

图2-13　2014年7—12月黔源电力K线图

庄家既然能够在高位吸筹，那么肯定不会无的放矢。这种拉高式建仓虽然提高了成本，但是能够快速地吸收筹码，缩短建仓的时间。而且这种方法也比较容易误导散户，导致散户发生方向性的错误。散户在庄家拉高建仓时，往往会以为是庄家派发，这样庄家就能轻松地收集到大量的筹码，虽然成本变高了，但是在牛市的中期，这类股票又拥有一定的炒作题材，那么后市潜力就变得不可估量。这也是为什么庄家在使用拉高式吸筹建仓的方法时一定要考虑几个前提条件的原因。

拉高式吸筹建仓在形式上又可以分为以下两种：

1.短庄快速建仓

短线庄家一般都会选择盘子比较小的个股，这样的个股比较容易控制，资金上的投入也相对较小。通常短线庄家一旦介入这种个股就会大肆提价收购，吸引更多的散户介入该股。当一定量的散户介入后，由于是短线操作，庄家通常不会按部就班地施展身手，而是抱着一种速战速决的态度，将炒作的几个步骤融合在一起，这样介入其中的散户也就不好分清何时是吸货，何时是拉高，当股价被抬升到一定的高度时，跟风盘也会大举介入，这时庄家就可以从容出货，达到获利的目的，而散户则还蒙在鼓里。因此股民朋友不得不提防这种短线庄家，因为这种庄家总是会让股民朋友防不胜防。那么，怎么发现短线庄家呢？

一般短线庄家介入的个股都有以下几个特征：

（1）股价呈暴涨暴跌的态势，一般通过短期大幅调整的方式来洗盘；

（2）换手率在短期内较高，筹码迅速集中；

（3）市场炒作氛围好，经常形成比较明显的板块效应，个股人气异常火爆。

短线庄家虽然可怕，但也不是没有应对的方法，短庄股通常震荡幅度比较大，因此股民朋友可以采用追跌杀涨的方式来应对。

2.台阶式建仓

如果一只股票拥有良好的基本面，那么庄家就很难吸收到充足的筹码，因为此时想要出局的散户早已出局，没有出局的散户已经做好了长期持股的准备，庄家在这种情况下只能通过逐步抬高股价的方式来吸收筹码，在走势图上就呈现出一种阶梯式的上涨现象。

从中铁二局（股票代码：600528）的K线图上就能看出比较明显的台阶式建仓手法。由于该股具有良好的成长能力，如果庄家建仓过于明显，那么就会为自己的抬升和出货增加难度，因此庄家使用了较为隐蔽的台阶式建仓方式，在散户掉以轻心时迅速完成拉升和出货的动作（如图2-14所示）。

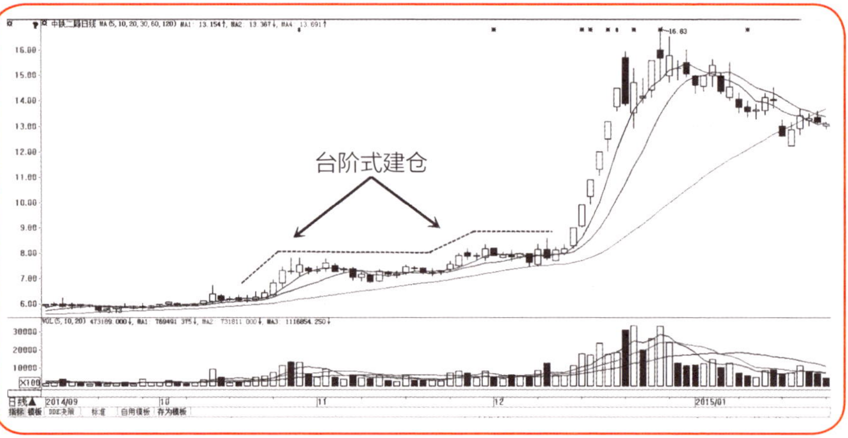

图2-14　2014年9月—2015年1月中铁二局K线图

股民朋友对待这样的庄家时，要有足够的耐心，也让庄家感受一次当热锅上的蚂蚁的感觉。

总之，拉高式吸筹建仓的方法会使庄家的成本变高，因此在没有获得足够的利润时庄家不会轻易出货，行情也不会很快结束，股民朋友面对这种建仓方法时一定要保持耐心。

第七节　借用K线图使庄家显形

不管庄家建仓时隐形得多好，日积月累也会在K线图上留下一定的痕迹。这些痕迹有时会透露出很多与庄家相关的消息，而股民朋友如果能发现这些消息，那么就可以制定出相应的策略。

一般而言，庄家在建仓吸货时留下的痕迹有以下几种形态：

1.横线形走势

横线就是指股价的整体走势呈一条横线。一般，横向走势说明庄家正在进行派发或者收集。如果是在低价区域形成横线走势，那么很可能就是庄家正在悄悄收集筹码。庄家在收集筹码时，肯定不想提高成本，因此在股价要上涨时，就会打压股价，不让股价抬升上去，这样就会在低价位区域形成一条横线。

当股民朋友遇到横线走势时，要注意以下几点：

（1）一定要提高重视程度，因为一般横线被突破后，涨幅都会非常惊人；

（2）横线被向上突破是非常强烈的买入信号，越早买入价格就越低，获利空间就越大。反之，则是非常强烈的出货信号，越晚出货股价下跌得越多；

（3）一般横盘持续的时间越长，涨跌幅度就越大；反之，则涨跌幅度越小；

（4）横线局势被突破后，不管是涨还是跌，成交量的变化幅度代表了推动力量的大小。

福星晓程（股票代码：300139）在2014年第二季度就经历了一次典型的横线走势，这次持续了近3个月的横线走势也为该股带来了近138%的涨幅（如图2-15所示）。

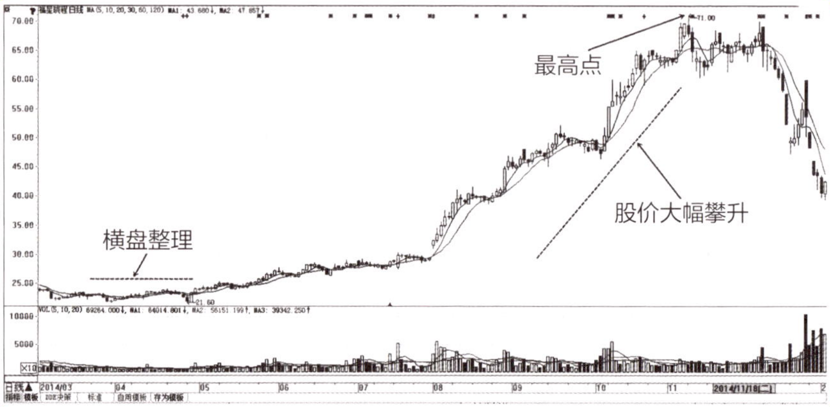

图2-15　2014年3—12月福星晓程K线图

2.阶梯形走势

阶梯形走势是指股价在横向移动一段时间后，迅速上涨，随后再次横向移动，然后再迅速上涨，形成一种台阶式的图形。

一般这种走势的出现说明庄家有非常明确的目标和详细的计划，每一步都力图精准。因此股民朋友在遇到这种走势时，要注意这种走势形成的原因，以此洞悉庄家的计划。

形成这种走势的原因一般有以下几种：

（1）庄家正在悄悄收集筹码，在横移阶段通过打压股价来进货；

（2）庄家的举动再隐蔽也会有被发现的时候，这时他们就会悄悄抬升股价，制造假象来迷惑股民；

（3）当价位被抬升一段时间后，一部分获利盘就会抛出持股，庄家就能够以比较小的代价换取更多的筹码；

（4）经过一段时间的横向移动后，场外流动的资金一旦入场，个股就会活跃起来，庄家就有了反复使用这种方法吸筹的条件。

豫金刚石（股票代码：300064）的K线图上就出现过比较典型的阶梯形走势：股价在经过迅速上涨后，开始横向移动，形成了一种类似台阶的图形（如图2-16所示）。

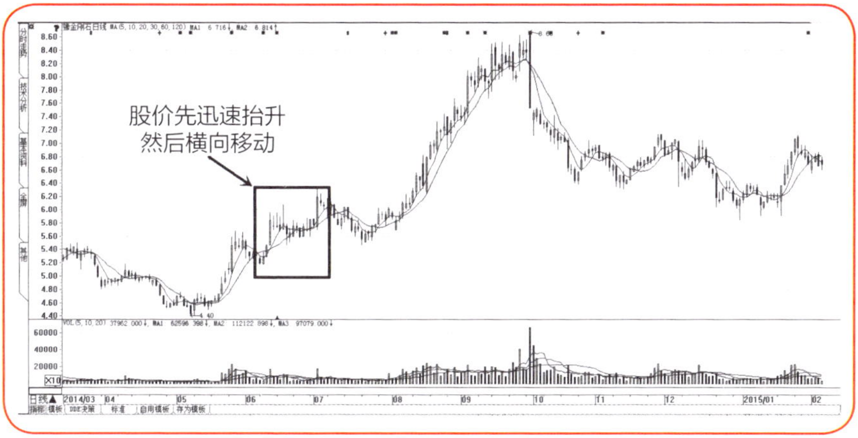

图2-16　2014年3月—2015年1月豫金刚石K线图

3.旗形走势

旗形走势是指股价突然迅速上升拉出一根旗杆，然后再由上升到达的价位做轻微、有序的下跌，股价在下跌时的高价位与价位之间如果画出两条短暂的趋势线，就会形成一块类似旗布的图形。这样由旗杆和旗布组成的整体图形（如图2-17所示），就形成了旗形走势，一般庄家都会在上升旗形中进行吸收筹码的动作。

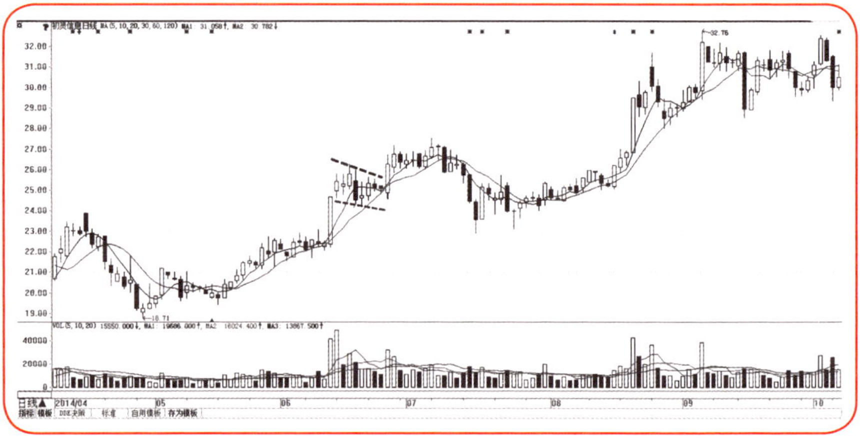

图2-17　旗形走势

一般旗形走势的形成原因有以下几种：

（1）受到利好传闻刺激，股价迅速上升，形成旗杆；

（2）有利好传闻，但是并未实现，出现获利回吐盘；

（3）庄家没有吸收到足够的筹码，于是想打压股价，以便多吸收一些筹码，由于动作过大会引起散户注意，因此只能小幅打压，股价也不会下跌很多；

（4）利好传闻兑现，庄家无法再继续打压股价，只能选择让股价向上突破；

（5）现行股价已经坐上了上涨末班车，随后股价就会进入急速回落的阶段。

旗形走势也避不开庄家的命门——成交量。首先，一般在旗杆上升时，成交量应该会随之增加，到旗布时才会减少。其次，突破旗形后，不管是涨还是跌，成交量都应该大幅增加，这是判断是否是旗形走势的前提。

若股民朋友在确认面对的是旗形走势时，如果遇到的是上升旗形，就可以迅速趁低进货。因为旗形走势的上升非常迅速，因此股民朋友要把握好时机。

4.圆底形走势

圆底形走势是指股价由高位回落一段时间后，在低价位区域徘徊，并且呈缓慢上升的趋势在图形上形成一个圆形底部。

一般圆底形成过程中成交量都会有相应的变化：在股价下跌的初期，股民会产生恐慌的心理，于是成交量开始增加，随后抛压减轻，成交量也就随之减少。如果庄家还没有收集到足够的筹码，就不得不慢慢抬高股价，成交量也就会增加。总体来看，圆底形走势中，成交量与股价的变化是同步的（如图2-18所示）。

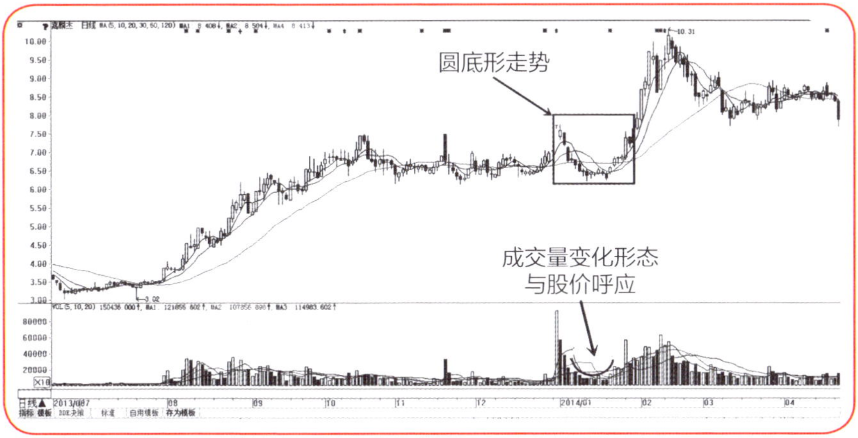

图2-18　圆底形走势

5.扇形走势

实际上，扇形走势就是指由两个圆底形成的走势图形。在某一个价位先形成一个圆底，然后上升，但不久后又再次回落，但形成的圆底在第一个圆底之上，这样形成的两个圆底就组合成了扇形走势

（如图2-19所示）。

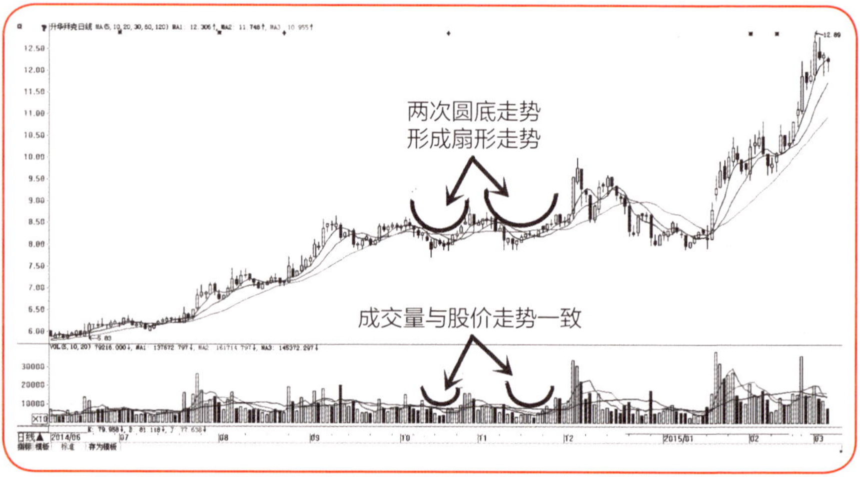

图2-19　扇形走势

由于扇形走势是由两个圆底形成的，因此在作用和意义上基本和圆底相同，只不过是扇形走势说明庄家收集筹码的力度更强而已。在扇形走势中第一个圆底完成之后，如果庄家没有吸收到足够的筹码或者有利好的传闻，庄家就会操纵股价，形成第二个圆底。如果利好消息证实，那么这次圆底就为股价大幅上涨打好了基础，如果利好消息没有兑现，庄家也可以继续靠其吸收筹码，可谓一举两得。

要从K线图上辨认出庄家的建仓方法，需要股民朋友细心行事，不够细心就很可能忽略一些重要的信息，往往这些信息的偏差会导致股民朋友走上错误的方向。因此，在与庄家斗智斗勇的过程中，不单要保持足够的耐心，还要保证足够的细心。

第八节　庄家完成建仓的特征

股价的涨与不涨与庄家是否炒作有很大的关系，当庄家有炒作欲望时，股价也会上涨。因此，看准庄家是否有炒作欲望可以增加股民朋友在股市中成功的概率。那么什么时候庄家炒作的欲望会比较高呢？其实这个问题很简单：只要庄家吸收到了足够的筹码就会有很大的炒作欲望。因此，判断庄家是否完成建仓吸筹，是否拥有足够的筹码对于股民朋友来说是非常必要的。

一般来说，如果具备了以下特征之一，就可以初步判断出庄家已经进入了建仓末期。

1.当突然出现利空消息时，股价能够快速回归稳定趋势

如果突然出现利空消息时，股价不跌反涨或者是当天有小幅下跌，但是第二个交易日股价就能迅速回到原来的价位，都能说明庄家已经完成建仓。因为当利空消息出现时，会发生恐慌性抛出，股民见形势不好可以减仓甚至清仓出局，但是庄家只能硬扛着，于是在盘面就会形成抛盘多，接盘也多的现象。等到股价稳定后，由于庄家不想被回过神儿的股民捡到便宜，于是就在极短的时间内将股价拉升到原位。

2.放量很小就能拉出长阳线或者涨停

当庄家建仓完成后，手中有足够的筹码，就能轻易地操控股价，操控程度极高时，甚至只用很少的资金就能拉出涨停。

老白干酒（股票代码：600559）在2014年12月2日就出现了地量依然能收出涨停的情况。这说明盘面筹码高度集中在庄家的手中，建仓吸筹的阶段已经顺利完成，对该股的操控程度已经非常之高（如图2-20所示）。

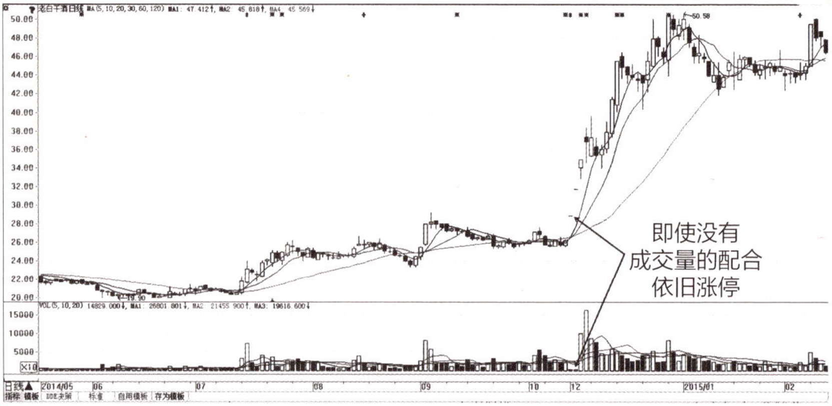

图2-20　2014年5月—2015年2月老白干酒K线图

3.K线走势特立独行

有些个股在大盘下跌的时候不下跌或者在大盘上涨的时候不上涨，总之就是不跟大盘走。这种情况通常说明该股的大部分筹码已经被庄家吸收，当庄家的筹码足够时，在盘面上就会有以下几种具体表现：

（1）大势向上或者稳定，有游动的资金想要抢盘，但是庄家暂时不想发动行情，于是就用更大的砸盘狠狠冲击抢盘，不让游动资金破坏自己的计划；

（2）大势向下时有游动资金砸盘，庄家就用手中的筹码拖住砸盘，不让股价下跌，以免便宜的筹码被别人抢走。

4.K线走势不稳，震荡强烈

当分时走势图剧烈震荡，K线起伏不定并伴随着成交量大幅萎缩的情况出现时，就说明庄家已经进入了收集筹码的尾声。这时庄家为了洗掉获利盘，消耗持股股民的信心，就会用少量的筹码做图。庄家做出来的K线图虽然起伏不定但始终只能在箱体中来回运行，而分时走势图上则是大幅震荡，这样的图形会给股民一种十分缥缈、似乎有规律但又找不到的感觉，这就会使股民摸不到头脑，如果没有一定的耐心就会被庄家洗掉。

2013年10月11日起，鄂尔多斯（股票代码：600295）的股价就开始反复震荡，一直持续到2013年12月23日。随后股价大幅拉升，到2014年1月10日时，涨幅已经达到了30%左右。从图2-21中不难看出，庄家在建仓完成后用了少量筹码对敲，致使股价反复震荡，从而实现洗盘目的。如果手持该股的股民没有经受住庄家的折磨而退出，也就相当于错过了一次赚钱的机会。

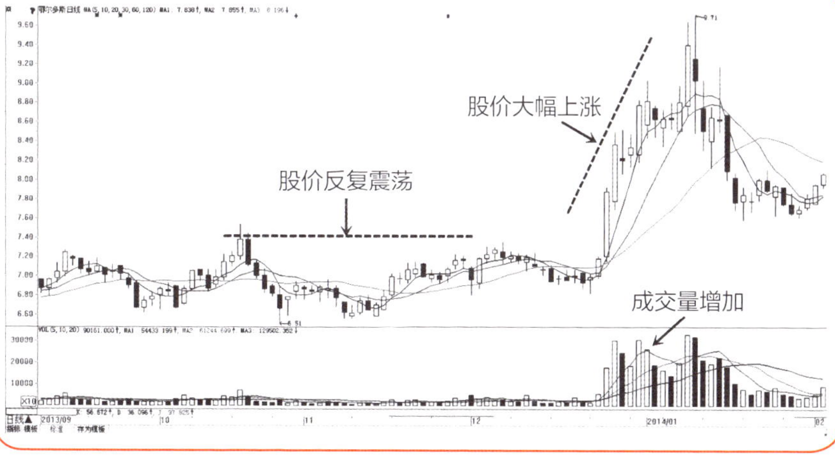

图2-21　2013年9月—2014年1月鄂尔多斯K线图

股民朋友如果能够盯牢一只建仓的庄股，在其将要拉升时介入，必将收获一份财富增值的喜悦。当然，想拥有这种喜悦就要付出一定的耐心和智慧，如果在庄家建仓完成后，心浮气躁被庄家洗掉，那么就等于将到手的好处拱手送给了庄家。因此，股民朋友在介入庄股时要做到两点：第一，在没有准确判断出庄家建仓已经完成之前不抢进；第二，在介入时不要选择一些违背常理的股票。

第三章
别被庄家“洗”出局

庄家不是慈善家，为了减轻拉升压力，庄家往往会在发力拉升股价之前通过洗盘的手法，将跟风获利盘清洗出局，从而集中力量将股价拉到更高的位置，获取最大的利益回报。

洗盘的作用就是要打击股民的信心，迫使股民将手中的筹码抛出来。因此，对于股民朋友来说，识别庄家的洗盘手法非常重要，因为只有识破了庄家的意图，才能坐稳庄家抬的轿子，最后获得丰厚的利润。

第一节　庄家为什么要洗盘

庄家手持大量的资金，一旦在投资中失误被套，那么就会造成极其惨重的损失。因此在拉升之前或者在拉升过程中，庄家都要进行震仓洗盘。震仓洗盘的目的就是要将盘中浮动的筹码清洗掉，以降低庄家拉升时的压力和出货时的风险，使拉升变得更加容易。

每一个股民都想骑上黑马，坐上庄家抬的轿子，但往往都是股民爬上了黑马或轿子，但是没法坐稳。原本持有一只可以获得丰厚利益的股票，却因为走势太过凶险而斩仓离场，可就在斩仓后股价又像故意戏弄股民一样，开始飞涨起来，就好像压死骆驼的最后一根稻草一样，是涨还是跌取决于你手中的持股是否抛出。这样不堪回首的痛苦经历相信每一个炒股的人都不止经历过一次。其实这并不是一种偶然现象，因为就算庄家吸收到了足够的筹码也不可能直接拉高股价，没有丝毫波折的拉升会让短线投资者舒舒服服地赚到庄家的钱，这是庄家不容许发生的事情，所以庄家的洗盘也就在所难免。

通过对股市发展历史的总结，庄家洗盘的主要目的可以归纳为以下几点：

1.甩掉跟风短线投资者

一些老到的股民，在庄家的吸筹阶段就能对庄家的动向做出较为准确的判断，并及时跟进。庄家可以允许短线投资者获得一些小的利益，但绝不允许短线投资者在他们大力拉升的过程中坐享其成。因此庄家必须通过洗盘将短线投资者的筹码洗掉。

2.吸引新的资金注入

洗盘实质上就是一种股票的换手方式。庄家坐庄时需要不断有新的股民将资金注入场中，从而提高市场的平均持股成本，以加强新入市的筹码的稳定性，减轻股价继续上涨的压力。

3.使跟庄者将来不会轻易抛售持股

庄家洗盘的过程应了一句老话所形容的情况——给一棒子再给一个枣。庄家通过这种反复施压后给甜头的方式，使股民不愿意轻易抛出手中持股，最后“心甘情愿”地被套，而庄家最后则可以胜利退场。这是洗盘的重要过程，也是为什么很多股民在被骗后还没有察觉，“尽职”为庄家站岗的根本原因。

4.使庄家有差价收益

凭借洗盘庄家不但可以通过高抛低收的方式赚取差价来降低持仓成本，还可以使越来越多的股民被套牢，使浮动的筹码更加稳定，可谓一石二鸟。这样，既能让市场判断不出庄家的持仓成本，弄不清庄家的出货位置，又增加庄家自己的拉升信心，扩大了获利空间。

5.“洗出”底部获利盘

如果庄家在吸筹之后一味地拉高股价，那么不但拉升的压力会越来越大，还会加大拉高后的派发难度，因此庄家必须进行洗盘的工作，将盘中一些不坚定的跟风者的底部筹码洗出来，以减少拉升的压力和派发的难度。

知道了庄家震仓洗盘的目的就能更准确地判断出庄家的意图，避免庄家一洗盘就“对号入座”的尴尬局面。

第二节 庄家四大洗盘手法

庄家为了不让短线投机者在以后的走势中搅局，通常会在股价突破后进行震仓洗盘。股价上涨到一定的高度时会有获利回吐，这时庄家为了减少拉升时的抛压会顺势打压，这也属于庄家的震仓洗盘手法。庄家主要的震仓洗盘手法可总结为以下几种：

1.横盘式整理洗盘

横盘式整理洗盘是指庄家在拉升的过程中突然停止做多，让股价横盘整理，这样持续较长的一段时间后，一部分没有耐心的股民就会选择抛出出局。由于这类股票都蕴藏着很大的利好，庄家惜售，不想损失筹码洗盘，于是就用这种方法即用时间来消磨低位获利盘，最终完成洗盘。

庄家在横盘整理的过程中既能不流失自己的筹码，还能吸收一部分被抛出的筹码。体现在盘面上就形成了一幅小阴小阳在K线箱体内震荡，在盈利和亏损之间徘徊的图像。

2013年8—9月，启源装备（股票代码：300134）进入了为期一个月的盘整阶段，庄家在这个价位很轻易地就洗出了一部分不坚定股民手中的筹码。庄家愿意花费近一个月的时间来进行洗盘，说明庄家后市的拉升欲望非常强，拉升也会很有力度。果然在之后一个半月的时间里，该股涨幅就达到了82.9%（如图3-1所示）。

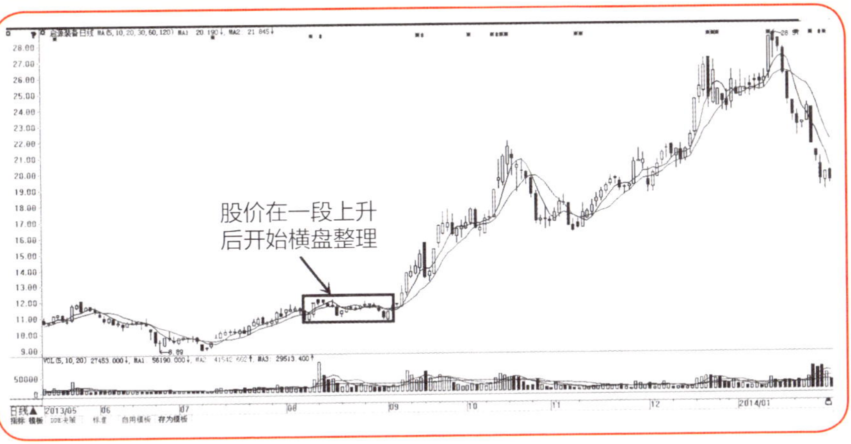

图3-1 2013年5月—2014年1月启源装备K线图

2.打压式洗盘

打压式洗盘手法比较适合用于盘子比较小的绩差类的个股。一般投资在小盘绩差类个股的绝大多数投资者投机心理都比较重，因此这类个股的稳定性就没有什么保障。这些投资者在介入之前都会在自己鞋底涂抹上油，只要风头不对就立刻开溜。由于这类个股的基本面都比较差，所以新多头不愿意追高买入，往往新多头都会在逢低吸入的好时机出现后再介入。由于种种不稳定的原因，控盘的庄家只能利用股民对个股运作方向的不确定，打压股价，加快股价的下跌速度，营造出一种市场环境在向空头方向发展，加重股民的负面情绪，加大其手中持有的筹码的不稳定性，同时也激发持筹者在操作过程中的卖出冲动，使其无法抑制自己正常的投资心理。庄家通过这种控盘、打压股价、心理诱导的方法就能加快市场筹码的转化速度，从而达到洗盘的目的。

从2014年11月7日开始，亿通科技（股票代码：300211）出现了一次持续8个交易日的连续下跌，跌幅达到了11.4%，并且成交量出现明显萎缩，这说明庄家正在大幅打压股价，意图使手持该股的股民产生一种恐慌感，不断强化其抛出手中筹码的欲望。从图3-2中可以看出，在大幅打压洗盘之后，庄家开启了该股的股价拉升之旅。如果手持该股的股民没有经受住庄家的“恐吓”，那么最后只能是追悔莫及，错失跟庄良机。

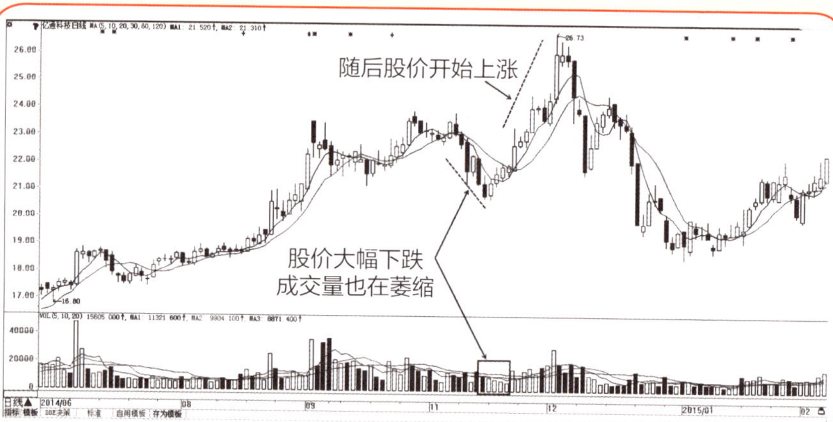

图3-2　2014年7月—2015年1月亿通科技K线图

3.上下震荡式洗盘

这是庄家比较常用，也是在K线图上比较常见的一种洗盘手法。上下震荡式洗盘维系在一个波动区间内，意图让股民摸不清庄家的节奏。这种方法融合了打压式洗盘和横盘整理式洗盘的优点，一方面消磨了股民的耐心；另一方面也洗出了胆小和不坚定的股民。往往很多股民都会在这种手法下乖乖地交出自己手中的筹码。

上下震荡式洗盘有以下特征表现：

（1）一个交易日内价格振幅比较大；

（2）经常出现阴阳K线交替出现的情形，并且隔日收盘价反差比较大；

（3）价格波幅比横盘整理式洗盘大，比打压式洗盘小。

宏达高科（股票代码：002144）的庄家就曾在其坐庄期间，采用了这种凶横型的洗盘方式。2013年10月—2014年1月，介入宏达高科的庄家为了能够顺利地吓跑一些“胆小”的股民，就在K线图上勾画出了反复震荡的恐怖画面。在这样的恐吓下，一些“胆小”的股民只能乖乖交出手中的筹码，与随后的股价上涨失之交臂（如图3-3所示）。

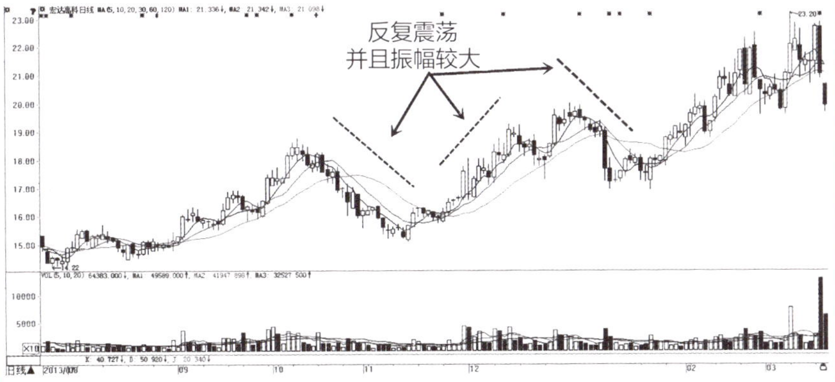

图3-3　2013年7月—2014年3月宏达高科K线图

4.边拉边洗式洗盘

这种方法是庄家通常采用的一种洗盘方法。不同于以上三种方法，这种方法讲究的是将洗盘融合在拉高的过程中，这样往往会产生非常好的回馈。这种洗盘方式的具体手法是：庄家每日放量拉升股价，然后停手再用大笔封盘，造成股价上升又回落的现象，并在K线图上留下较长的上影线。这样庄家在拉高股价的同时又进行了洗盘，还将一部分筹码锁在了比较高的位置，第二个交易日又开始重复操作。边拉边洗式洗盘不但可以使市场保持一个高人气的状态，吸引短线投资者留驻其中，还能使市场的持仓成本逐级升高，为以后的出货创造了便利条件。

2013年10月—2014年3月，天壕节能（股票代码：300332）就体现出了比较明显的边拉边洗式洗盘方法的特征。在这段时间里，该股股价几乎在每一次上涨之后，都会有一个比较大的下跌过程，随后又开始拉升，反复多次，并且成交量与股价背道而驰，形成了一种价升量减、价减量升的形态。通过K线图可以看出来，该股并不存在非常明显的整体拉升阶段，庄家就是在一涨一跌中完成了股价的洗盘和拉升，股民也很难观察出庄家的意图和出货时机（如图3-4所示）。

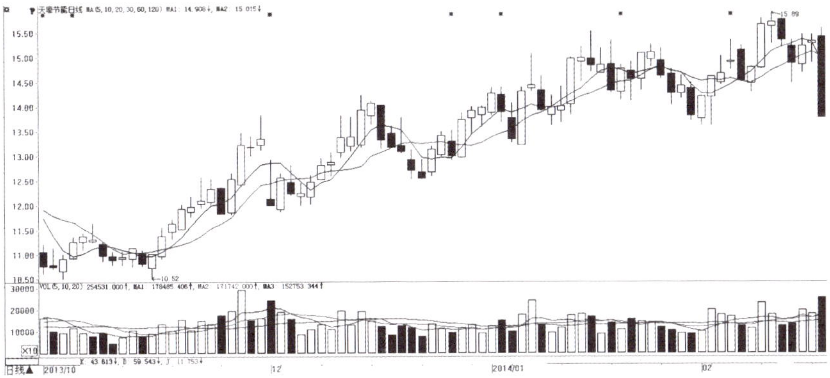

图3-4　2013年10月—2014年7月天壕节能K线图

虽然庄家的洗盘手法有很多种，但是整体思路都相同，那就是要在行情发动之前就让跟风者出局，或者让散户在拉升过程中低抛高追。总之，庄家的洗盘阶段就是用各种各样的方法来折磨股民，如果能够经受住庄家的考验，那么就能稳稳当当地坐上庄家抬的轿子；如果没有经受住庄家的考验，那么最终的结果只能是为庄家做了嫁衣。

第三节　庄家洗盘时的盘口表现

庄家想通过洗盘来洗掉信心不足的散户，就必须制造出一种疲软的盘面假象，甚至是凶狠的跳水打压现象。但是在关键的技术位，庄家往往都会护盘，这是为什么呢？其实答案很简单，庄家为了能够顺利地出货，在洗掉一部分散户的同时，也要让看好后市的人介入这只股票中，垫高平均持股成本。

通常庄家洗盘时，盘口都会出现以下几种现象：

（1）股价一般维持在10日平均线以上，即使有时好像要破位，也会及时获得支持；

（2）股价大幅震荡，阴线阳线交杂出现，市场行情非常不稳定，成交量也没有什么运行规则可言，但是总体趋势向着萎缩发展；

长江传媒（股票代码：600757）在2014年3—5月，就出现了股价大幅震荡的现象，并且还伴随着成交量变化不均。但整体趋势呈萎缩的趋势，基本可以判断出庄家在进行洗盘工作。从图3-5中的大量长阴线就能够看出该庄家洗盘手法之凶狠，股民朋友要在这种凶狠的洗盘中存活下来就必须要有足够的定力，否则很难避免被洗出局的命运。

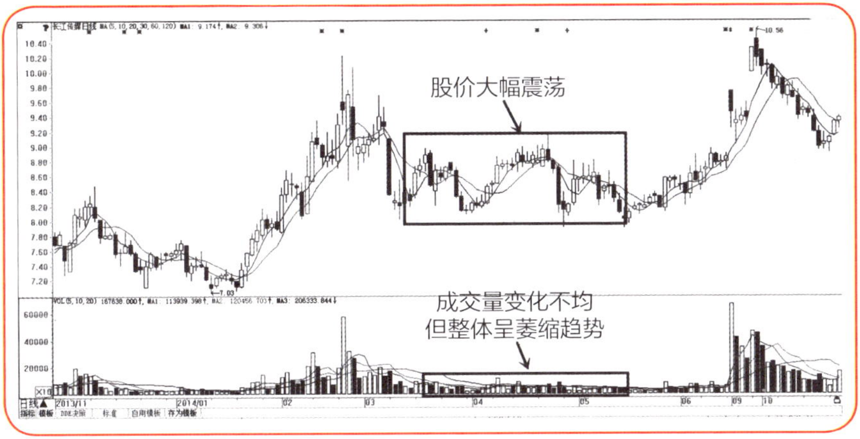

图3-5　2014年1—10月长江传媒K线图

（3）在整个洗盘的过程中不会出现利好消息或者能坚定股民信心的消息；

（4）股价下跌的时候成交量没有维持持续放大的特性，在重要的支撑位会缩量企稳，上升的过程中才会逐渐放大；

（5）洗盘前期阶段的涨幅不大，洗盘中途跌幅也不大，并且盘面常常出现带上影线或者下影线的十字星，股价也维持在庄家的持股成本之上的区域；

（6）股价下跌的时候，庄家一般会与大势或者技术面配合，比如跌破重要支撑位、空头陷阱等，但是破位后的股价并不会延续跌势。

2014年11月11日，双林股份（股票代码：300100）经过一段上涨时期之后突然下跌，并且跌破支撑位，这样的K线走势就好比一把尖刀一样刺进了股民的心头，于是一些“胆小鬼”纷纷抛筹离场。其实，这只是庄家的洗盘手段，就是为了洗出一些不坚定股民手中的持股，减小拉升时的压力。此后该股果然不跌反涨，让退出的“胆小鬼”后悔不已（如图3-6所示）。

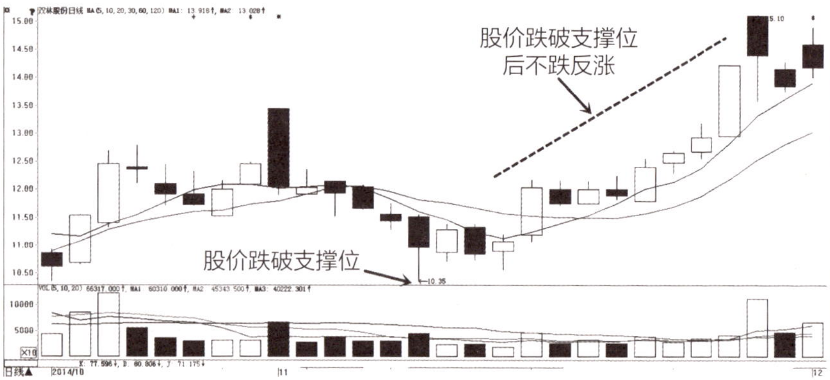

图3-6　2014年4月—2015年1月双林股份K线图

（7）当盘面的漂浮筹码越来越少，最终向上突破放出量的现象发生时，说明庄家已经完成了洗盘，即将开始新的抬升阶段；

（8）洗盘前期都会做出顶部的假象；

（9）洗盘末期都会出现缩量和庄家惜售的动作；

（10）有控盘要求的庄家一般都会将几种洗盘手法糅合使用，或者有诱空吃货的动作，这样洗盘的盘口现象也就变得多样化。如果庄家控盘时间长，就能在K线图上产生不同的形态；如果庄家控盘时间较短，就能在分时走势图上产生不同的形态。

股民朋友平时要提防庄家在盘口上制造假象，有时庄家也会利用股民不自信的心理去诱使股民向错误的方向前行。因此，股民朋友要相信自己的判断，不要因为片面因素而轻易改变自己的主意。

第四节　透过成交量看洗盘

成交量和价格是组成股市数据非常重要的两个因素，它们之间也有着非常密切的关系。炒过股的朋友都知道量价关系的基本原理是“量为先，价为后；量为因，价为果”，成交量是推动股价变化的内在动力，也是根据这个原理，人们才推导出了一些量价关系的股则。

经过股市长时间的发展，人们会发现根据量价关系买卖股票时，常常会出现一些失误，尤其是通过成交量来判断主力的出货和洗盘时失误率更高，股民经常会把出货和洗盘弄错，犯下不是提早出货与获利良机擦肩，就是出手过晚痛失出货吉时的错误。那么如何根据成交量的变化准确地判断出庄家是在出货还是在洗盘呢？

一般当庄家还没有准备拉升股价的时候，成交量比较小，股价运行也显得非常疲软，这时就无法判断庄家的意图。但是一旦庄家放量拉升，成交量的变化就有着非凡的意义。如果这时能够准确地捕捉到庄家的洗盘迹象并且果断介入，那么往往在短时间内就能获得丰厚的回报。通过对股市历史的研究和分析，成交量变化具有以下特征时，基本就可以比较准确地判断出庄家是不是在洗盘。

如果庄家积极地介入了一只股票，那么在成交量明显放大的同时股价的运行状况也应该由疲软变得活跃起来，盘面出现了价涨量增的态势。随后，庄家肯定不想短线投资者坐享其成，所以会进行洗盘将短线获利筹码洗掉，这一洗盘行为就会在K线图上留下阴阳相间的横盘震荡痕迹。

洗盘时通常股价都会快速走低，但是成交量是无法在下跌时持续放大的，在重要的支撑位会缩量盘稳，表明下方获支撑；由于此时盘面的浮动筹码比较少，股价回升就不一定会有成交量的配合，但关前停止后不再放量下挫，而是面对前期高点蠢蠢欲动。

2014年6—7月，豫金刚石（股票代码：300064）的K线图就体现出价涨量增、价跌量减的态势，这时并无法直接判断出庄家的真正意图。直到2014年7月9日开始，庄家开始了向下的缩量洗盘，这次洗盘维持了近20天的时间。到了2014年8月6日股价突破5日、10日均线，开始了一发不可收拾的上涨阶段。这次上涨虽然耗费了近25天的时间，但是涨幅却达到了45.8%，可以说庄家赚了个盆满钵满（如图3-7所示）。

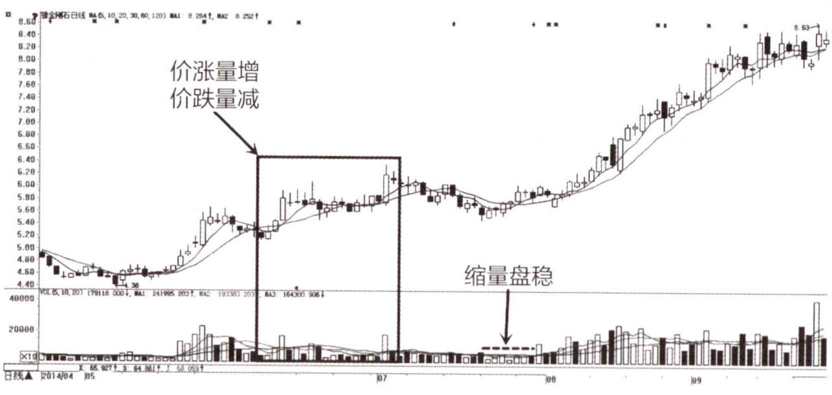

图3-7　2014年5—9月豫金刚石K线图

在庄家洗盘时，既然成交量有一定的变化，那么作为研判成交量变化的主要指标OBV指标、均量线也会出现一些明显的特征，这种特征表现为：当巨量长阴出现时，股价的5日、10日均线始终保持向上运行的态势，这说明庄家一直在增仓，后市被看好。而OBV在股价高位震荡期间，始终保持向上，及时瞬间回落也会被立即拉升起来，并且能够创出近期的新高，这说明从能量角度来看，股价已经具备了上涨的条件（如图3-8所示）。

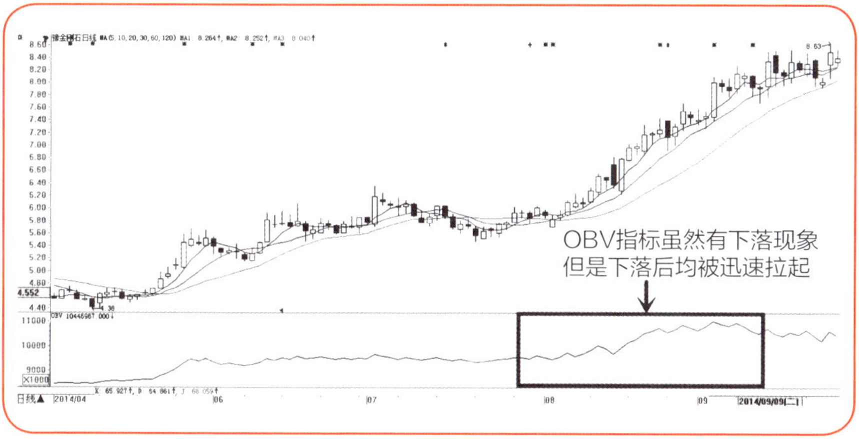

图3-8　2014年5—9月豫金刚石OBV指标

除了可以通过成交量和各类指标来判断庄家是否在洗盘外，股民朋友可以通过关注基本面的因素和股价的潜质来判断庄家是否在洗盘。如果公司的基本面良好，那么其股价就有一定的支撑能力，股价突然大幅下跌不符合常理。

股民朋友在判断庄家是否在洗盘时，如果只盯住一个量或者一个因素，那么很可能得到的就是主观判断。只有通过对多个因素和量进行综合分析，才能得出比较客观、准确的结论。

第五节 洗盘结束的四大信号

庄家坐庄肯定要进行洗盘工作，如果股民朋友能够判断出庄家的意图，那么就完全可以在庄家洗盘时做到在股价出现一定的涨幅后先行退出，等洗盘结束之后再全力介入。这时不但可以捡到庄家洗出的便宜筹码，还能搭上洗盘后的拉升顺风车，一举两得。但是怎样才能判断出庄家的洗盘马上就要结束了呢？

一般来说，庄家洗盘结束之前都会出现以下信号：

1.下降通道扭转

一些庄家喜欢在洗盘时采用小幅盘跌的方式，在大盘上涨或者创新高的时候，庄家所介入的个股会不断地收阴线，构筑出一条与大盘走势相反的平缓下降通道，股价在通道内缓慢下跌。如果突然在某一天出现了一根阳线，股价的下跌势头扭转，并且缓慢企稳，那么就说明庄家的洗盘已经到了尾声。

2.股价下跌后期成交量大幅萎缩

股价下跌后期成交量大量萎缩是众多表明洗盘已经接近尾声的信号中，现象较为明显的一个。这种现象通常代表了抛盘已经枯竭，套牢盘、斩仓盘、获利盘、场外买盘已经全部出局，游浮的筹码基本已经被洗干净，只留下了一小部分坚定的持股者。这一小部分持股者不会被震荡吓跑，也不会被蝇头小利蛊惑，因此，庄家只能让他们搭上拉升顺风车，与庄家一起赚钱。

在经过了长时间的震荡洗盘后，介入高盟新材（股票代码：300200）的庄家在2014年10月17日放出一根长阴线来吓唬不坚定的股民，随后又以一根阴十字星来测试盘中情况，成交量的萎缩表明此时盘面已经基本清洗干净，庄家放心地开始了大幅拉升。从之后的连续阳线也可以看出，在基本没有遇到阻力的情况下，庄家极为轻松地将股价拉升到了一个新高度，为出货奠定了非常良好的基础（如图3-9所示）。

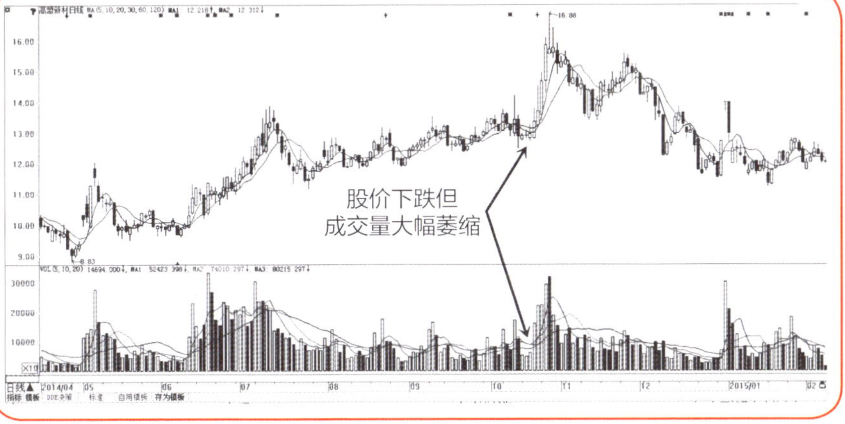

图3-9 2014年4月—2015年1月高盟新材K线图

3.均线由持续向下平走转变为缓慢向上移动

股价回落后驻建出一个小的平台，均线由持续向下平走转变为缓慢向上移动，也是一个预示洗盘即将结束的信号。洗盘通常表现为股价下跌，股价的下跌会导致技术形态向不好的方向发展，均线系统也会发出卖出的信号，但是股价下跌到一定的位置之后受到明显支撑，每个交易日收盘都在相近的位置，洗盘到了尾声时均线都会有转向的迹象。

渤海活塞（股票代码：600960）的5日、10日、20日均线在2014年3月27日—4月2日，完成了从下行到上行的华丽蜕变，这也成了部分经受住庄家“洗礼”的股民的福音。从图3-10中我们可以看到，该股在庄家洗盘过后迅速进入了拉升阶段，也给了依旧坚定不移的股民们一个满意的交代。

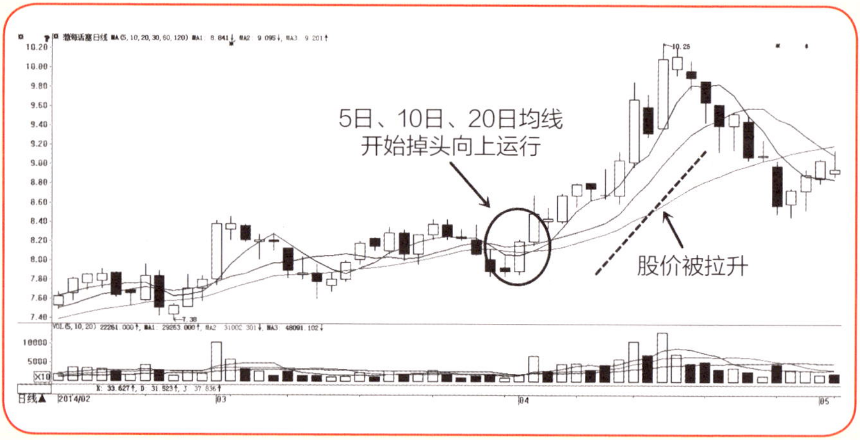

图3-10　2014年2—5月渤海活塞K线图

4.缩量之后再放量

一些庄家在洗盘时会将股价控制在一个狭小的区域，并使其在该区域内反复地震荡，庄家放任股价在此区域内自由移动，成交量跟之前相比有明显的萎缩。如果在某一天成交量突然放大，那么就说明庄家认为时机已到，可以结束洗盘了。这时股民朋友应该选择及时跟进。

亚太股份（股票代码：002284）在2013年12月—2014年2月期间的整体K线走势图像就好像一个被困在箱体内的乒乓球在来回跳动。这种纠结着股民内心的情况终在2014年1月20日，随着成交量的放量增加而消弭。从图3-11中可以看到，成交量从缩量变化成放量的同时，股价也在随之上涨，如果股民朋友此刻还能坚守阵线，那么只要能判断准卖出的时机，就能获得丰厚的利润。

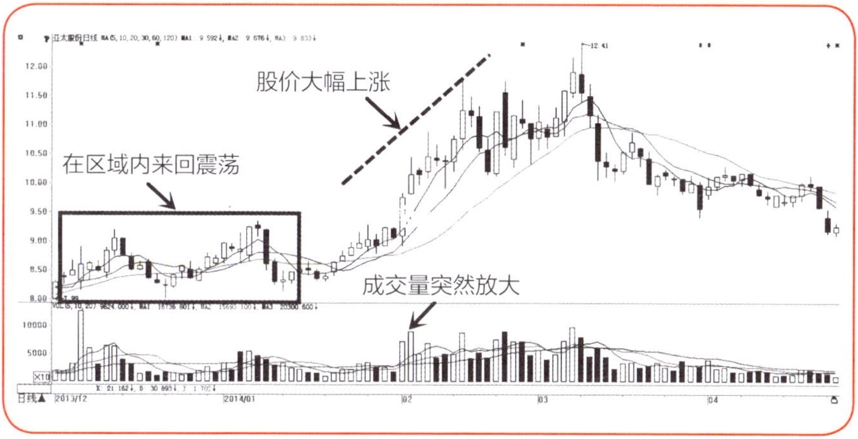

图3-11　2013年12月—2014年4月亚太股份K线图

股民朋友在通过盘口特征分析庄家是否洗盘结束时，一定要对这些特征进行综合分析，不要只从单一方面去主观分析。

第四章
坐享拉升波段，让庄家为你抬轿

在庄家完成了建仓吸筹后，就会进入拉升股价的阶段，为将来在高价区域出货奠定基础。从庄家反复震仓洗盘减小拉升股价的压力开始，直到千方百计地吸引跟风者，做好出货准备，这段时间庄家使用的手法五花八门，往往让散户眼花缭乱。拉升股价是直接影响庄家最终收益的关键一步，也是考验股民定力的关键时刻，完整吃下拉升波段才是成功的短线跟庄。

第一节　庄家拉升的市场时机

庄家对拉升股价的时机也非常讲究，要么就不出手，出手就一定要获得最大的利益。但并不是每天都存在非常完美的时机来让庄家拉升股价，所以一般庄家拉升股价也会借助一些外力，通过这些外力来为自己创造出一个好的拉升时机。通常这样的外力包括：

1.重大的利好消息

重大的利好消息包括公司利好消息和市场利好消息两个方面。如果一个公司发布了重大的利好消息，那么就会改变原本比较低的市场关注度或者会使朦胧的炒作题材明朗化，这样就能让投资者做出积极的判断，庄家适时拉升股价，使投资者更加坚定自己的判断，从而塑造一个人气越来越旺的个股。有时庄家甚至会通过一些渠道将消息提前散布出去，利用题材反复炒作，为自己创造出多次拉升的机会。如果是市场出现重大的利好消息，例如国家公布了有利于股票市场发展的政策，庄家也会趁机拉升股价。

资本市场从不缺乏故事。抚顺特钢（股票代码：600399）尽管三季报每股收益仅为4分钱，股价却从5元一路飙涨到接近30元，跻身“2014年十大牛股”行列。抚顺特钢的行业地位毋庸置疑，是中国特种钢材的龙头企业之一，也是国内少数具备核电、军工核心钢材配件生产能力的企业之一。除了拥有良好的企业背景之外，该公司在2014年的航母题材和核电重启这两个重大利好消息也起到了不可忽视的作用（如图4-1所示）。

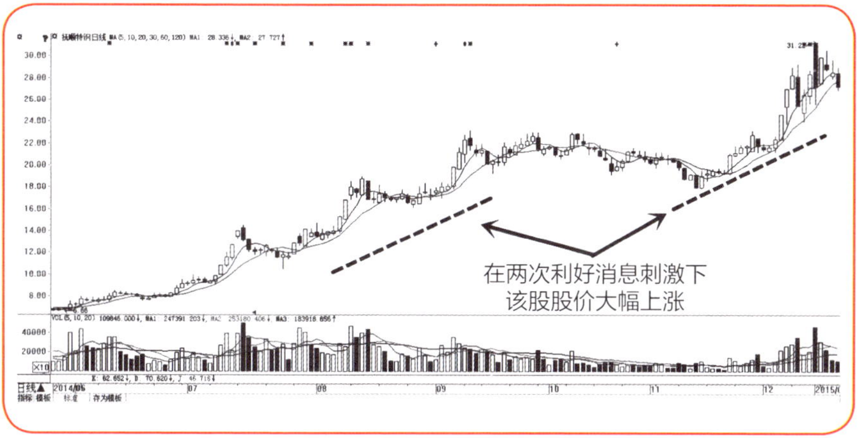

图4-1　2014年6—12月抚顺特钢K线图

2.股市强势拉升

在股市大势非常积极时，市场人气火爆，场外资金注入量大，庄家只要稍微用力就能引起股民的注意，个股的关注度一旦提高，跟风股民就会蜂拥而入帮庄家抬轿，这样庄家就能轻松抬升股价，起到风助浪势、浪借风威的效果，股价一路上涨。

3.个股处于热点板块中

市场有一定的板块联动规律，特别是市场趋势向上时，这种联动规律体现得更是明显。庄家当然不会放弃这种机会，如果庄家的目标股正好在热门板块中，那么庄家的拉升就能变得更为隐蔽。

4.逆势中的抢眼表现

如果股民朋友认为庄家只会把握市场有利形势，那就大错特错了，庄家也可以非常巧妙地利用逆势。市场处于疲软态势时，人气会变得非常散乱，场外持币观望的人也会变多，在这种大势下，如果一只股票脱颖而出，绝对能吸引股民的目光。如果该股进一步表现出逆市上涨的姿态，那么一部分持币观望的股民就会禁不住诱惑介入其中。在疲软时期拉升一只股票的股价，使其逆势上涨虽然需要承担很大的风险，但是对于拥有很强实力和高超技巧的庄家来说，这也是一个获取暴利的好机会。

2013年6—7月，上证指数持续下跌，跌幅达到了15.8%，几乎成了所有股民的噩梦。而正是在这种“悲观”的大环境下，西藏城投（股票代码：600773）却走出了“乐观”走势，自然也就吸引了散户的眼光，成交量大幅增加（如图4-2、图4-3所示）。

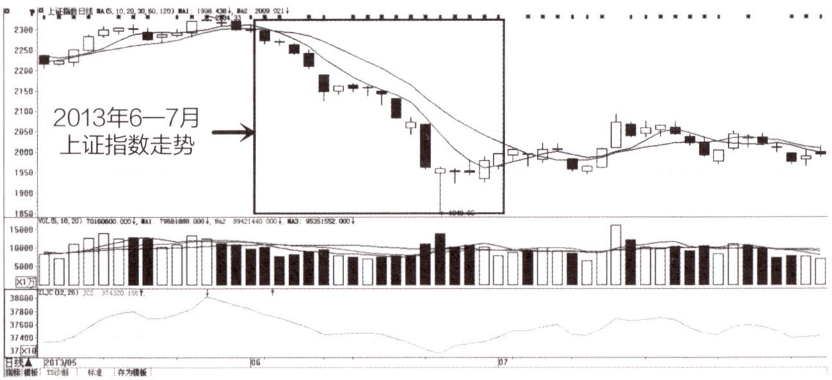

图4-2　2013年6—7月上证指数K线图

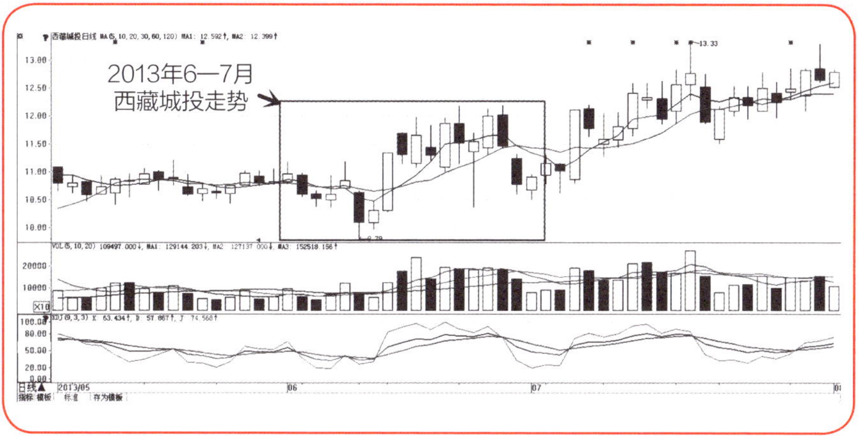

图4-3　2013年6—7月西藏城投K线图

5.高比例配送题材

股票分配方案一直以来就是庄家比较喜欢炒作的题材。庄家利用股票除权的缺口效应和低价效应来让股民将股价的抬升与填权补缺口联系起来。除权后的股票价格相对较低，尤其是经过大比例配送之后，这种低价效应会让股民认为可以抄到廉价的便宜货，于是众多股民为了占到便宜纷纷介入。庄家正是抓住了股民的这种贪小便宜的心理，使送股后股票变多以及除权后的低股价变成一种陷阱，当股民落入这个陷阱后就通过抢权和填权的方式拉升股价，当落入陷阱的股民发现已经落入庄家设置的陷阱时，已经处于叫天天不灵叫地地不应的境地。

如果能够利用庄家抬升股价的时机，就能从容、舒服地坐上庄家抬的轿子，相反地，如果股民朋友没有把握住庄家抬升的时机，还被贪欲蒙蔽了双眼，那么最终结果只能是为庄家抬轿。因此，在面对庄家抬升股价时，股民朋友千万不能让贪欲战胜理智。

第二节　庄家拉升前的试盘

庄家在股市中拥有的种种优势，对其是一种保障也是一种压力，这种压力来自于庄家的操作成本和运作大量资金带来的风险。因此，庄家在拉升股价前要做好研究拉升时机、制订拉升计划，与上市公司联合洗掉大量跟风股民等大量的准备工作，以确保自己的获利能达到最大化。当然这些准备工作还不足以保证拉升成功，因此庄家在拉升前还有一件必做的事情，那就是——试盘。

知己知彼，百战不殆。庄家的试盘就是为了探清市场中有多少跟风盘、抛压是多少，在进入真正抬升阶段之前先做好“知彼”的工作。一般庄家在吸收到足够的筹码后，都会让股价先大幅上涨然后再回落，一些跟进的股民就会立刻被套在高位，只要有一部分被套的股民忍痛割肉，那么股价就会立刻止跌回升，并且进入庄家真正拉升的阶段，这就是所谓的庄家试盘。

庄家通过试盘一般可以达到以下三个目的：

（1）制定合适的吸货方式；

（2）观察盘中是否已有其他庄家；

（3）结合筹码安定性判断出是否到了拉升的时机。

通常庄家都会在开市时主动下买单来压低股价，或者主动下卖单来抬高股价，通过观测市场的反应、盘中的追价意愿和卖压程度来决定进行什么样的操作。只从理论来说并不容易理解，以下让我们结合图例来更好地理解到底什么是庄家试盘。

1.低价抛出筹码，测试股民的持股意愿

庄家会在开盘时先低价抛出一些筹码来测试股民的持股意愿，随后由于股民不愿将手中的持股抛出就会出现股价慢慢下跌，回档幅度不深而且成交量萎缩的现象。如果庄家对后市看淡，那么就可以选择将股价拉高后再出货；反之，则可以顺势拉升股价，由于这时的游散筹码已经比较少，就没有了洗盘的必要（如图4-4所示）。

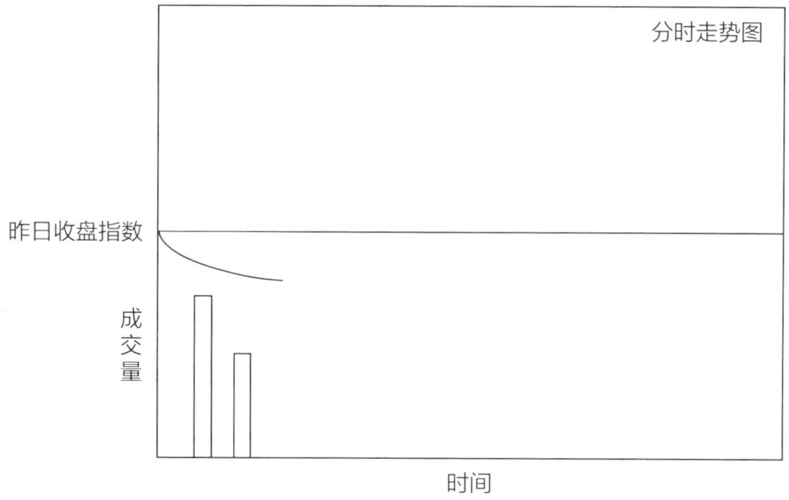

图4-4　庄家低价抛出筹码，测试股民的持股意愿

2.做出强势的开盘价

如果庄家在开盘时，做出了强势的开盘价，那么通常就是为了测试股民是否有强烈的追高意愿。如果股民对后市抱有较大的信心，那么就会踊跃购买，股价和成交量也就随之上涨。庄家往往凭借这种较旺的人气和追高意愿就可以再向上做出一波行情（如图4-5所示）。

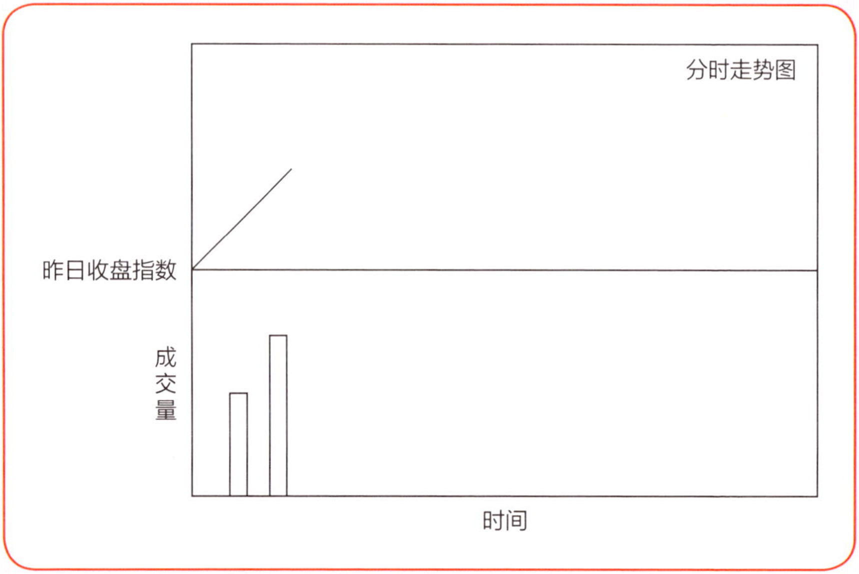

图4-5　庄家做出强势的开盘价

3.创造时机，抬升股价

如果庄家做高开盘价之后，股民的追涨意愿并不强烈，出现价涨量减的现象，那么庄家想要强硬拉升股价就很困难。因此，如果后市不被看好，那么还在吸收筹码的庄家就很可能反手做空；而已经吸收了足够筹码的庄家可能会静观其变，等待时机抬升股价，又或者采用与上市公司联合放出利好消息等手段创造时机抬升股价（如图4-6所示）。

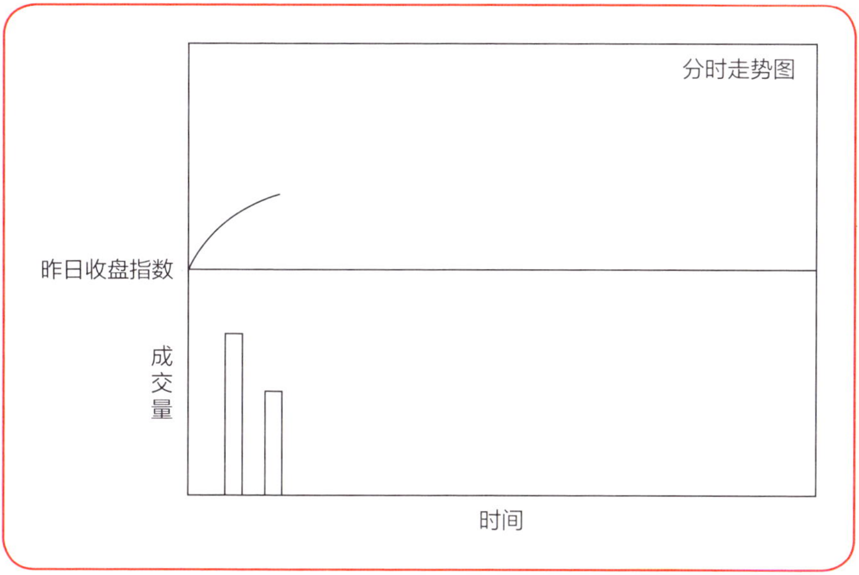

图4-6　庄家创造时机抬升股价

4.强势盘面的试盘对策

如果庄家通过盘中的量价关系分析出股民追涨不杀跌的心理，盘中价涨量增、价跌量减，并且整个交易日股价都维持在上一个交易日收盘价之上，展现出强势盘的种种特性，那么庄家往往会在后市中发起猛攻，采用急拉的方式作为收尾，在尾盘扼杀空方，以此来刺激下一个交易日的人气（如图4-7所示）。

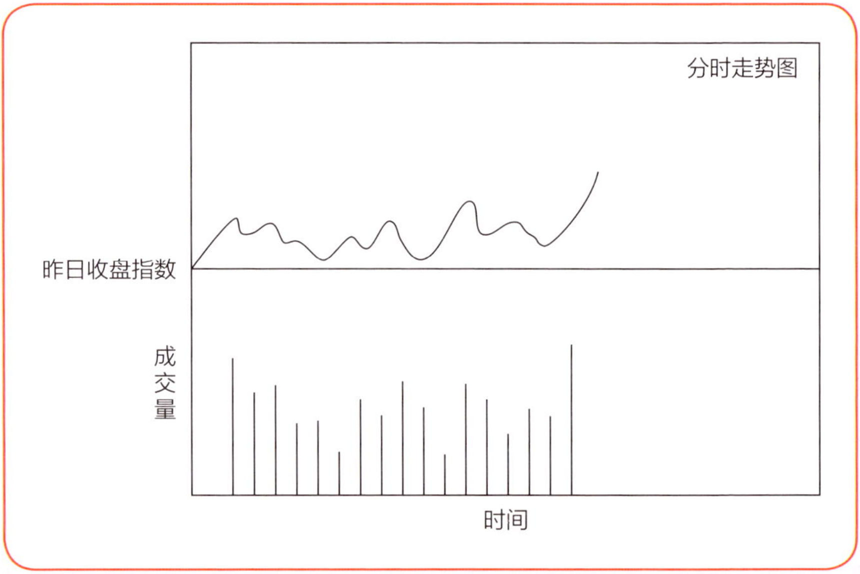

图4-7　庄家强势盘面的试盘对策

5.弱势盘面的试盘对策

如果庄家根据盘中的量价关系洞察到股民有急于抛出持股的心理，追高的意愿非常弱，盘上表现出价涨量减、价跌量增的走势，并且股价始终在上一个交易日的收盘价以下，那么就能依据这种弱势盘面来做相应的对策。如股价已经有了一定的涨幅，但是后市并不被看好，那么已经吸收了足够筹码的庄家肯定会利用各种方式掩护出货，走为上策。如果后市被看好，那么吸收了足够筹码的庄家就会按兵不动，等待好时机的出现。而没有吸收足够筹码的庄家则会打压吸货（如图4-8所示）。

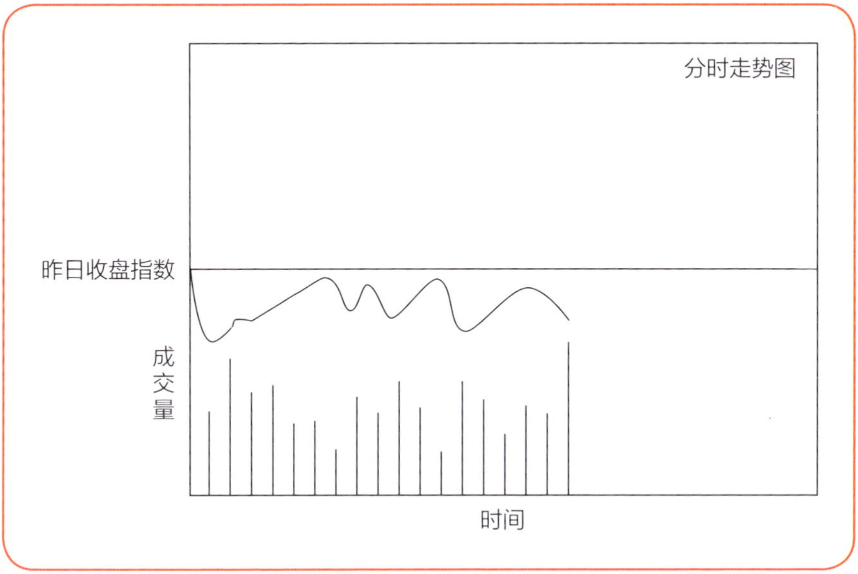

图4-8　庄家弱势盘面的试盘对策

6.测试卖压

如果庄家想测试当前交易日的卖压程度，那么就会在开盘的时候抛出一笔筹码打压股价，如果随后出现的下跌幅度超过庄家的预期值并且成交量增加，就说明当前交易日的卖压比较重，股民并不会因为价格下跌就惜售。若这时庄家对后市看好，并且已经吸收了一些筹码，那么就还会继续收集筹码或者洗盘，等待更好的拉升时机；若庄家不看好后市，那么就可能会先拉高股价，以便抛出手中的筹码，到尾盘反手做空（如图4-9所示）。

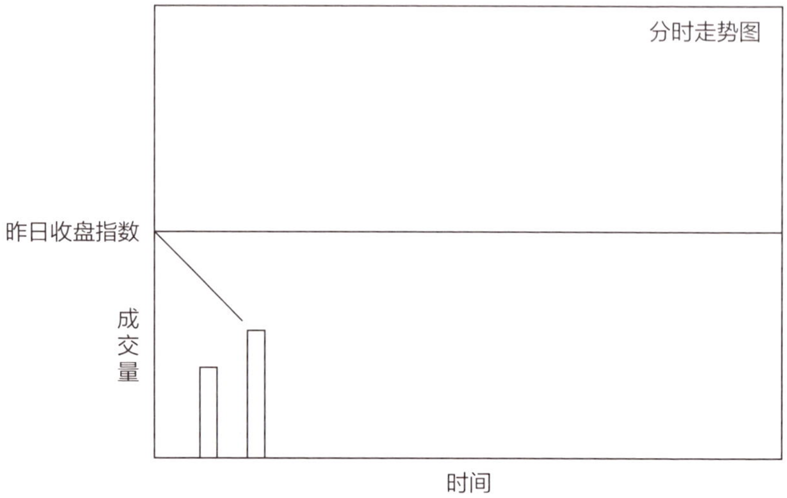

图4-9　庄家测试卖压

当股民朋友熟悉了庄家试盘的招数和策略后，就能有针对性地应对，不会轻易地被庄家迷惑、欺骗，也就降低了短线跟庄失败的可能性。

第三节　庄家拉升的三大手法

股市中普遍存在喜涨不喜跌的心理，如果大盘呈现出稳定上涨的态势，市场人气就能聚集起来，场外流动资金也会纷纷入场，这时庄家使用很小的力气抬升股价就能吸引大量的跟风盘，达到“一木支楼”的效果，成功地拉升股价。通过对自身实力和市场以及个股的具体情况综合分析，庄家拉升股价的方式一般有以下三种：

1.台阶式拉升

台阶式拉升是指一些庄家自身的实力有限，操纵的还是大中盘股，吸收到的筹码比例也就不会太大，因此，这类庄家只能利用利好消息将股价小幅抬升之后再盘整，架高股民的持股成本，这在K线图上就会形成一个类似台阶的图形。在台阶式拉升的过程中，一般不会出现大的洗盘调整动作，一方面是庄家没有足够的筹码去砸盘；另一方面是太过凶狠的洗盘会引起股民的恐慌性抛出，庄家没有足够的资金能够一举吃下所有的抛出盘，因此庄家往往会采取台阶式拉升的方法，营造出一种股价持续稳步上升的假象，给股民一种安全信号。这样不但能降低自己的风险，也能促使一些保守的股民介入，增加股市人气和资金注入量。

亚星客车（股票代码：600213）的流通盘比较大，庄家没有采用大幅拉升再回落的方式收集筹码，而是改用了台阶式拉升的方法来进行筹码的收集工作。从图4-10中可以看出，在2014年10月22—

30日，股价经过一段小幅上涨后进入了横盘整理阶段，在经过了5个交易日的横盘整理后，又进入了小幅拉升的阶段，在这样反复地先拉升再横盘整理的打磨下，一些经受不住诱惑的股民纷纷抛出手中的筹码，让庄家在悄无声息中就完成了自己的吸筹过程。台阶式拉升不但能够使庄家驾驭一些中、大型的盘面，也能让庄家在个股中隐藏得更深，令股民防不胜防。

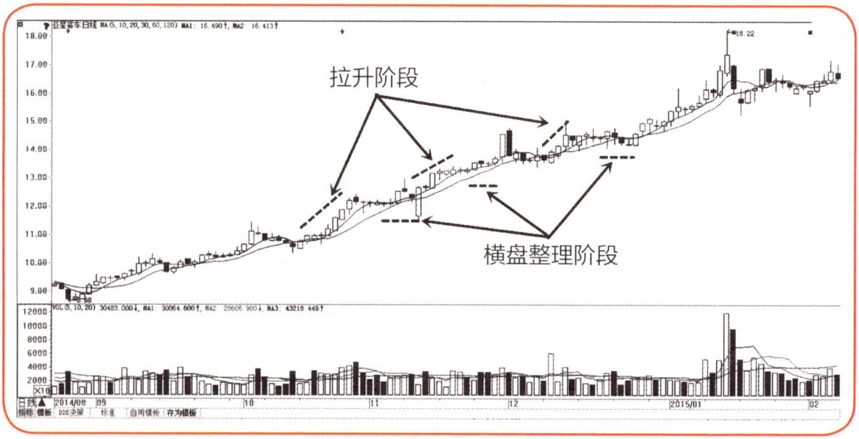

图4-10　2014年8月—2015年2月亚星客车K线图

如果在投资股市的过程中遇到台阶式拉升时，若持币观望的股民朋友可以选择在股价横盘整理结束后进场，因为股价在拉升的过程中有较多的不确定性，风险也比较高，抢到的时机很可能是庄家出货前的最后一次拉升阶段。而在横盘整理阶段介入则可以有效地降低这种风险。持股的投资者则可以选择继续持有，等待更好的卖出时机出现。

2.突飞猛进式拉升

通常庄家都是凭借着一些对股民吸引力非常大的朦胧利好消息或者利好题材来使用突飞猛进的股价拉升方式。这种方法要做到使股价飞一般地上涨，呈现出一种牛市的态势，因此，能够使用这种方法拉升股价说明庄家对个股的操控程度已经非常高了。突飞猛进式拉升的目的，就是要让股价抬升到一个比较高的位置，随后再在高位长时间地缩量横盘，让市场逐渐接受这个价位，这样庄家就可以利用这个时间缓慢出货，在不知不觉中已经获利先飞。

同花顺（股票代码：300033）在经过了一段长时间的低迷走势后，从2014年11月7日开始在庄家的操控下走上了大幅上涨的道路，仅仅不到一个月的时间涨幅就达到了173.4%，庄家用突飞猛进的方法使股价产生的涨幅不得不让人为之惊叹（如图4–11所示）。

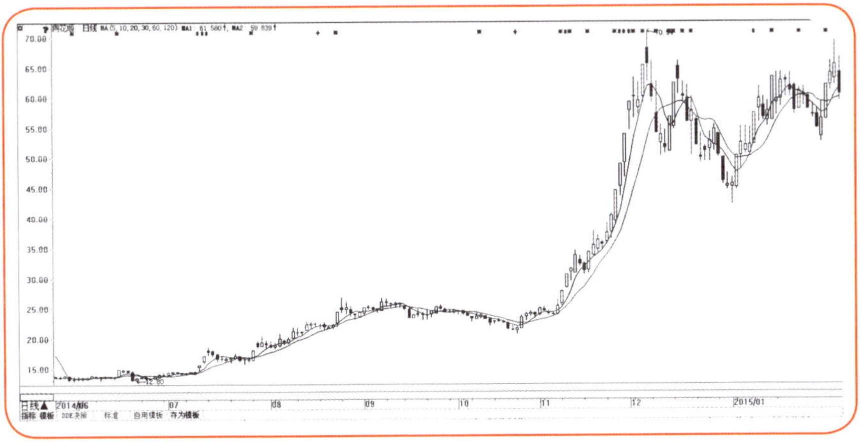

图4–11　2014年5月—2015年1月同花顺K线图

当遇到突飞猛进式的拉升方式时，如果股价现有高度已经脱离低价区，那么没有持股的股民朋友就要谨慎介入。通常庄家的建仓成本比较低，股价一旦进入庄家拟订的盈利区域，那么庄家随时都有出货的可能，这时介入不但会提高成本，还会面临较大的风险，因此，股民朋友在遇到这种拉升方式时，可以选择轻仓介入，轻仓虽然会降低获利率，但是船小好掉头，一旦错过出货时机，也不会承受过大的损失，影响投资大局。而手持该股的股民朋友一定要做好止盈位，不要因为贪念而损失已经到手的利益，在庄家出货、股价回落后后悔。

3.45° 斜线式拉升

45° 斜线式拉升股价主要表现在个股的某一日或者连续多日的走势上。庄家为了显示自己的实力和坐庄决心，往往都会在买盘位置挂上非常大的买单，有时这种买单的量甚至能够达到四位数，由于买单量的限制，就要求庄家能够绝对控盘，至少要控制70%以上的筹码才能使抛盘减少。在这种声势下，该股很容易吸引市场的注意力，尤其是会俘获跟风盘的眼光。由于股价推高缓慢，追涨的机会增多，也就容易吸引大户跟进。通常这样的拉升方法一般出现在强庄股中，一是强庄股的庄家实力、资金都比较雄厚；二是有上市公司的配合，能产生获利和派发的双重机会。

在2014年1月30日—2月19日短短两周的时间里，金信诺（股票代码：300252）的股价在庄家的拉升下，上涨幅度达到了37.3%，K线的走势倾斜度几乎达到了45°，可见该庄家手段之凶猛，这也从侧面证明了该庄的雄厚实力（如图4-12所示）。

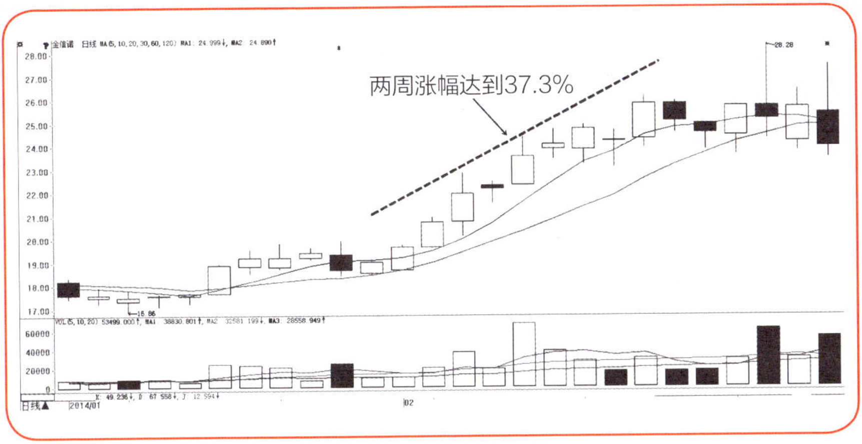

图4-12　2014年1—4月金信诺K线图

采用45°斜线式拉升的股票，在刚开始进入拉升阶段时，股价的上涨速度都是比较慢的，成交量在短时间内也得不到有效放大，这时股民朋友可以择机进入，但是由于其速度缓慢，所以在持股过程中一定保持足够的耐心，才能获得最大的利益。

股价在上涨的过程中，有时会有小幅的震荡，但是只要股价回落时不放量，就说明拉升还没有进入尾声，股民朋友可以选择继续持有。如果股价出现放量回落，并且以阴线报收，就应该引起注意，一旦第二个交易日股价没有被拉起来，并且是继续放量下跌，股民朋友就应该果断出局，落袋为安。

不管庄家用的是什么样的拉升方法，总的原则就是利用资金实力再配合个股题材，或急或缓地将股价拉升起来，吸引股民的注意力，并让市场接受这种股价的变化。股民朋友在面对庄家使用的各种拉升股价的方法时，一定要掌握好节奏，不要被庄家牵着鼻子走，这样才能顺利地坐上庄家的轿子，获得丰厚的回报。

第四节　庄家拉升的盘口表现

庄家在试盘后，已经基本了解了股民的心理趋向和整个盘面的形式，就能推算出盘中大概有多少不动筹码，以此测算出有多少力量会成为其成功的绊脚石。当庄家的仓位基本建设完毕后，接下来需要做的就是实施计划，将事先研究好的股票走势图放到现实股票市场中去，手握筹码武器，统领资金重兵，开启拉升战的序幕。庄家发动的拉升战的主要盘口表现为以下四点：

1.经常跳空高开形成上攻缺口，并且短线不会回补

比如兆日科技（股票代码：300333）就出现过连续跳空高开的现象（如图4-13所示）。2013年6月20日星期五，兆日科技收出一根阳线，但是成交量并没有明显放大。周末过后，该股股价就形成跳空高开的形象，并且成交量大幅放大，这就形成了比较明显的庄家拉升信号，后市的走势也印证了这种猜测。

2.在通过某一个阻力位时进行震荡整理

介入长方照明（股票代码：300301）的庄家在2014年9月中旬就遇到阻力位的干扰。此时，该庄家选择了横盘整理的方式来测试阻力的大小。在连续3天的胶着对抗之后，该庄家突然发力，用一根长阳线一举攻破阻力位，迅速抬升股价。这样的方式，就在K线图上留下了先横盘后股价又大幅抬升的痕迹（如图4-14所示）。

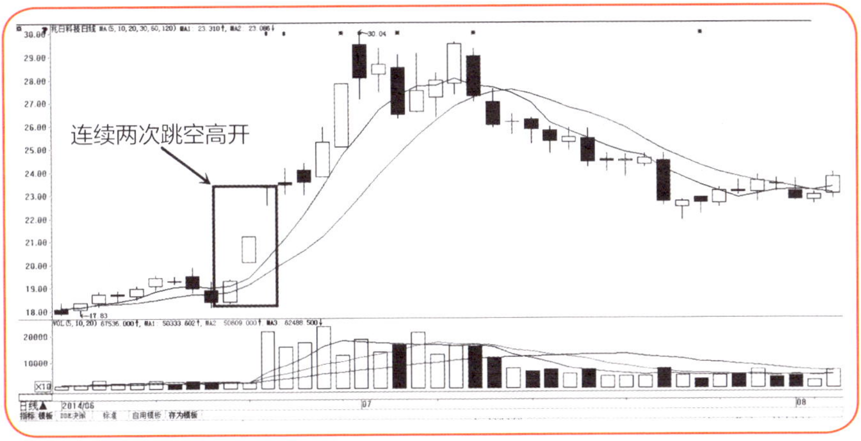

图4-13 2014年6—8月兆日科技K线图

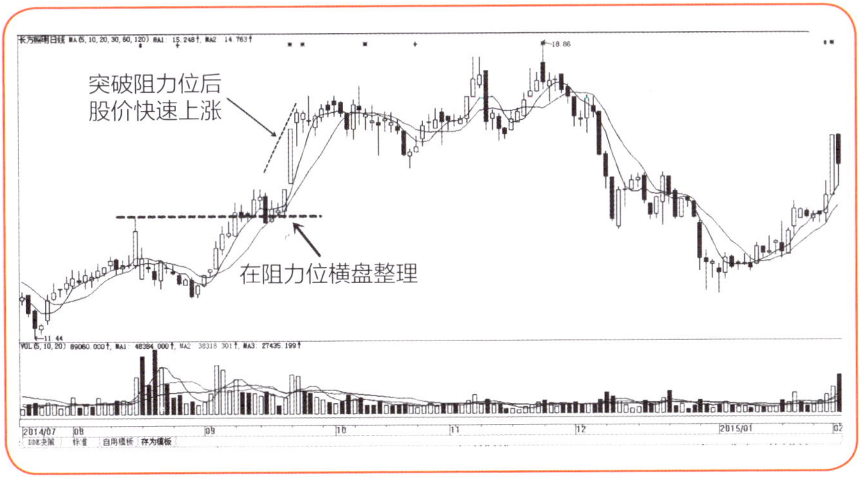

图4-14 2014年7月—2015年1月长方照明K线图

3.经常在中价区或者高价区连续拉出阳线

一些庄家由于拉升心切，就会采用一种比较简单、“粗暴”的方式来抬升股价。这样的拉升方式就会在盘面形成连续收出几根甚至是十几根阳线的现象。比如介入海联讯（股票代码：300277）的庄家，在2014年9月17—26日，就采取了连续收8根阳线的方式来迅速抬升股价，短期涨幅达到了22%（如图4–15所示）。

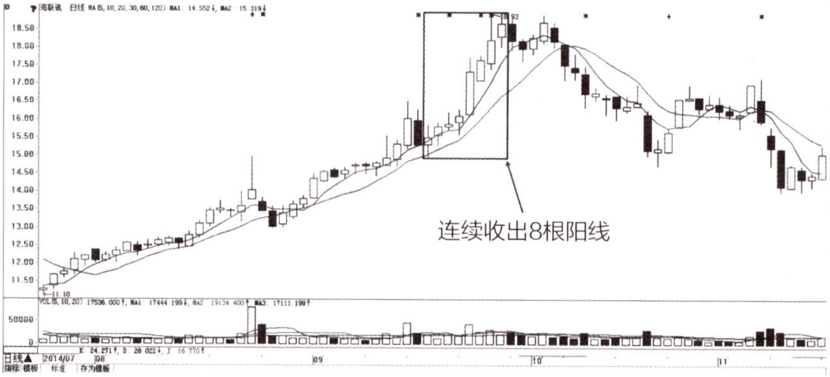

图4–15　2014年7—11月海联讯K线图

4.具有良好的技术形态

依米康（股票代码：300249）在2014年9月30日—10月15日，连续收出了7根阳线，虽然阳线涨幅并不是很大，但是配合着MACD指标呈现出一种典型的多头排列现象。在股价上涨的过程中，这样的现象对于散户来说绝对有着非常强大的杀伤力（如图4–16所示）。

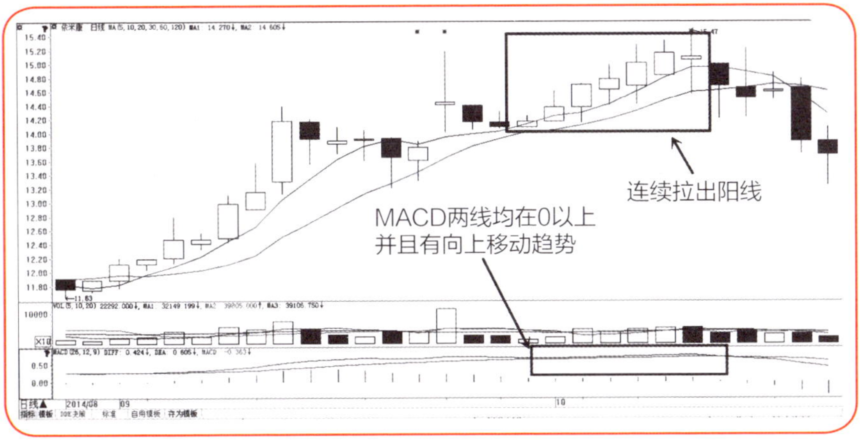

图4-16　2014年9—10月依米康K线图

股民朋友要想准确地判断庄家的意图就不能只考虑盘面的特征，还应该将基本面的因素考虑进去，只有这样全方位进行考虑，才能提高判断的准确率。

第五节 庄家拉升的目标价位

许多股民朋友在短线跟庄时容易犯两种错误：一种是提前出场，犯了这种错误后往往会导致费了很大的力气，最后只收获一点点回报；另一种就是出场太晚，导致自己被高位套牢。不论是犯哪一种错误，犯错的原因都是因为股民朋友没有找到庄家的目标价位，通俗来说就是股民朋友不知道庄家会把股价拉升到什么位置。

庄家的目标价位对于股民来说是非常重要的，一旦庄家的目标价位被股民看穿，那么之前做的所有努力就相当于为他人做了嫁衣。因此，庄家会严格保守自己的“秘密”。但是这样就说明股民朋友没有机会了解到庄家的目标价位了吗？其实不然，庄家的目标价位不一定要从庄家口中得知，也可以根据市价高低、盘子大小等因素来估算出庄股可能的升幅。

一般来说，股民朋友可以通过以下三个规律来估算庄家的目标价位：

1.小盘股的上升空间更大

越大的机器想要运作起来就需要越多的能量，股市也是一样的道理，盘子越大上升所需要的能量就越多，升幅受到的限制也就越多。真正能翻番或者翻几番的庄股一般盘子不会很大。

京天利（股票代码：300399）流通股仅2 000万股，在发行时股价仅为14.54元，只经过了短短3个月的时间股价就飙升到了110.66元，涨幅达到了547.7%（如图4-17所示）。

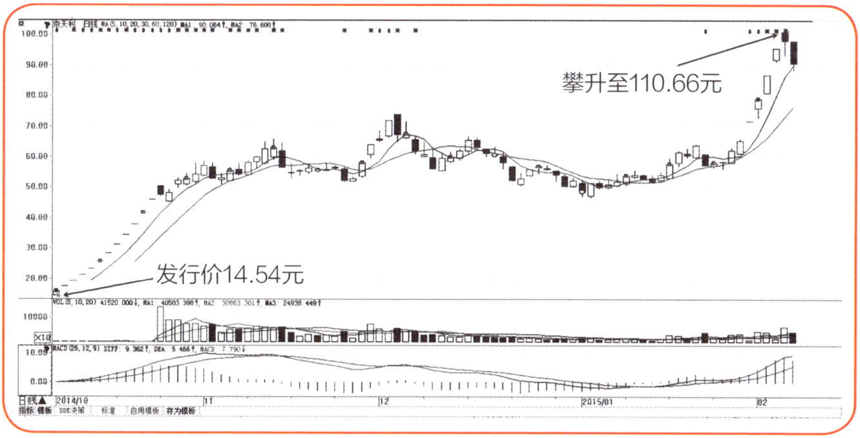

图4-17 2014年10月—2015年2月京天利K线图

2.坐庄时间越长升幅越大

庄家跟股民一样，也分短线庄家、中线庄家和长线庄家。短线庄家的操控筹码不多，一般升幅达到10%就完成了短线庄家的目标，因此短线庄家坐庄的股票行情飘忽不定，很难把握。股民朋友可以从走势图上判断庄家属于哪一类，如果一个短线庄家介入比较长的时间后并没有出货的迹象，那么很可能是因为这个庄家的目标制定得非常高。

3.庄家的成本越高，获利空间越大

所以股民朋友可以通过观察庄家的获利空间大小来判断是否应该继续持股等待。一般来说，股民朋友可以通过下面的公式来大致计算出庄家的目标价位。

目标点位=持股成本×（1+庄家持仓量占全部流通股的百分比×2）

比如，庄家的持股成本是100元，持仓量是40%，那么最低拉升价位目标就是100×（1+40%×2）=180（元）。也就是说，当股价被抬升到180元左右的位置时，庄家的最低心理预期才会被满足。

如果股民朋友把握了庄家的目标价位，那么就要保持足够的耐心，因为庄家不会让散户轻易坐上自己的顺风车。与庄共舞是一件非常磨砺心智的事情，因此股民朋友在跟庄时要有一定的心理准备。另外，当股民朋友跟庄时一定要保持对环境的关注度，一旦环境改变，那么庄家的目标价位也可能会随之改变，有时甚至会提前坐庄，因此股民朋友即使坐上了庄家的顺风车也不能掉以轻心，与庄共舞虽美妙，但也要有风险意识。

第五章 庄家出货，散户出逃

庄家完成了吸筹和洗盘之后，一定会大力派发出货。出货是庄家坐庄最关键的一步，因为它直接关系到庄家最后能获得多少利益，同时它也是最难的一步，庄家之前所有的努力都是为了出货打基础。即使前面做得再好，如果最后没有顺利出货，不能把盘面上的盈利转换成真金白银，那也是枉然。所以不管之前情况如何，庄家在最后都会用尽全身力气完成筹码的派发。

对于股民朋友来说，庄家的出货阶段是风险系数最大的时候，一旦庄家完成出货，而股民朋友却没有及时离场，那么就只能身处高位被套牢的尴尬境地。反过来说，如果股民朋友能识破庄家的出货行为，及时出逃，那么就能成为跟庄的大赢家，赚取丰厚的回报。

第一节　庄家出货赶紧逃

庄家只有将盘面上的获利兑现成真正的盈利才算是一次成功的坐庄。如果庄家将股价拉升到一定高度后，不能将手中的筹码兑换成真金白银，那么只能算是空梦一场。所以庄家会将拉升、打压等手段结合起来运用，千方百计地将手中的筹码派发出去，促使出货套现实现。

对于股民朋友也是一样，如果在股票被抬升到一定的高度后，不能够减仓套现，那么等到股价回跌时，所有的努力也只是竹篮打水一场空。

庄家的成功套现建立在其他股民的失败被套之上。如果跟风的人不失败，庄家就会失败。因此，庄家的成功具有很大的欺骗性、偶然性和煽动性，跟股民朋友一样，有时拼命努力也未必就能换来圆满的成功。一次成功的坐庄势必要经历将资金转换成筹码，再将筹码转换成资金的过程。不管庄家在将资金转换成筹码的过程中多么努力，操作得有多么巧妙，到最后如果不能将筹码再转换成资金，也不能算作成功。所以最后的套现是庄家最看重的步骤，也是迈向成功的最关键一步。庄家在介入一只股票后，从吸筹建仓到洗盘再到拉升，只要用心，基本就能掌握控盘动作，而出货却不是靠努力就能完成的动作。跟风的股民如果不买，那么庄家就没有办法套现。

中国股市几乎一半的庄家失败都是因为出货阶段出现各种各样的问题。如果大量的筹码不能兑换成现金，那么庄家就如同没有观众的演员一般，只能自娱自乐。所以庄家最后能做的就只有用煽动、欺骗等各种手段来让跟风投资者在庄家出货期间买进被抛出的筹码。

一般来说，庄家把股价拉升到30%的高度时，才算营造出了一个合适的获利空间。同样，该高度也基本上脱离庄家的成本区。庄家在坐庄时，不论是来自个股不利因素还是来自大盘的不利因素，都会使其立刻做出出逃动作。一旦大局不好，庄家就会不计成本地弃庄离场，这种情况对不明真相的股民杀伤力非常大，也是股民跟庄最应该注意的地方。

2014年年初，上海家化集团控股股东平安信托陆续接到上海家化内部员工举报，反映集团管理层在经营管理中存在设立“账外账、小金库”的现象，个别高管涉嫌私分小金库资金、侵占公司和退休职工利益等重大违法违纪问题，涉案金额巨大。5月11日，上海家化集团召开临时董事会议，宣布免去葛文耀上海家化集团董事长和总经理职务。由于上海家化内部争斗不断，其股价大幅下跌，介入其中的庄家也是如坐针毡，在极其不稳定的局势面前，即使没有太多的获利，该庄家还是选择了走为上策，以减少自己的损失（如图5-1所示）。

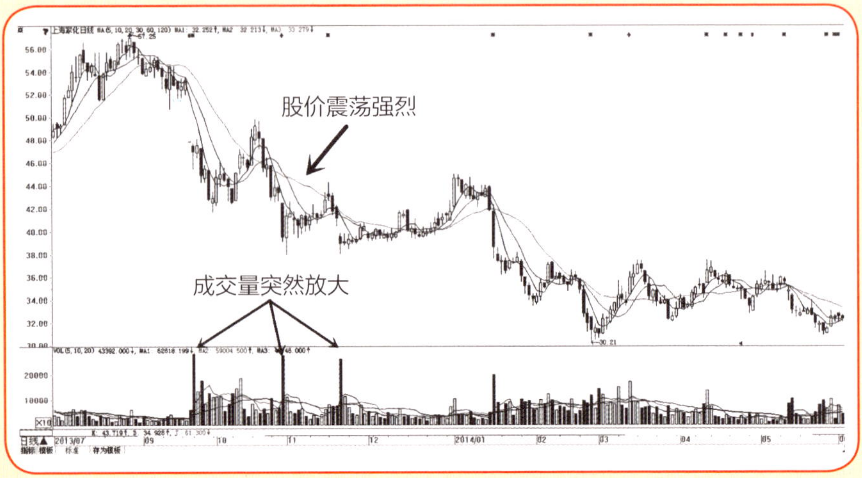

图5-1　2013年7月—2014年5月上海家化K线图

股民朋友在跟庄跟到高位时，必须消除自己的贪念，否则最后只能换来个“赔了夫人又折兵”的下场。

第二节 掌握庄家出货的时机

庄家在坐庄时，最重要的事情就是派发出货，派发出货也是庄家能否成功的关键点。因此，庄家对待此事都很谨慎。通常庄家都会用尽一切办法及时完成出货，但是遇到一些意外情况时，庄家就不得不寻找机会完成派发出货。由此可以推断，庄家的出货大致可以分为两种情况：主动出货和被动出货。主动出货是指在人气、环境因素最佳的时候顺势出货，而被动出货则是指出现突发事件等不可预测因素时，被迫出货。

1.主动出货时机

一般来说庄家主动出货的时机有以下几种：

（1）出现与庄股相关的重大利好消息，大量的跟风盘蜂拥而入，进驻场内的资金增加；

（2）股价已经升高到庄家的目标价位；

（3）个股相关的上市公司达到了近几年的最佳状态；

（4）大盘的人气已经爆棚，买盘十分汹涌，一片牛市景象。

韶能股份（股票代码：000601）在经过一段时间的股价大幅上涨之后，吸引来众多散户投资者的目光，成交量明显放大，各方对其后市均抱有较为乐观的态度，股价呈现出一派欣欣向荣的景象，其实庄家早已在吸引来各方关注的时候，悄悄开始出货，突然放大的成交量就是庄家出货的铁证。此后，该股开始了漫长的阴跌之路，让追涨买入的散户们叫苦不迭。从图5-2中也可以看出，尽管在股价升到顶部后仍然经常收出阳线，但是其重心一直在向下运动。

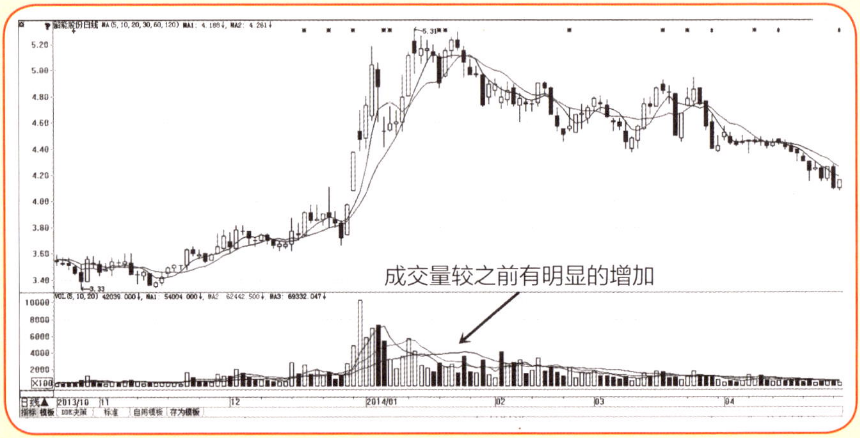

图5-2　2013年11月—2014年4月韶能股份K线图

2.被动出货时机

除了主动出货以外，一些情况的发生也会让庄家不得已选择被动出货，一般被动出货的时机有以下几种：

（1）与庄股相关的行业利空政策突然出台时，庄家只能抛弃原有的计划，采取紧急出货的方式来规避政策带来的风险；

（2）大盘转势，庄家没有把握可以让个股逆势而动，因此只能选择暂时套现，等待更好的时机再介入；

（3）庄家的资金链出现问题，只能不计成本地将筹码卖出套现，以解燃眉之急；

（4）庄股相关的上市公司基本面恶化，出现重大问题，这时硬撑只会增加庄家坐庄的风险和压力，所以庄家必须出货套现；

（5）庄家团队发生了内讧，有人没有按照计划行事，提前出逃，其他人也就只能被迫卖出；

（6）资金、借贷等到达归还期限，只能通过出货套现来返还；

（7）重大负面消息出现，股民争相将持股抛出，股价发生崩盘，庄家坚持只能换来更多的损失，不得已选择卖出；

2013年3月2日，万福生科（股票代码：300268）发布自查公告，承认2008—2011年累计虚增收入7.4亿元左右，虚增营业利润1.8亿元左右，虚增净利润1.6亿元左右。5月10日，证监会开出罚单，对万福生科造假上市案的中介机构平安证券处罚7 665万元，暂停3个月保荐资格，保荐代表吴文浩、何涛被禁止终身进入市场。这一重大利空消息不但使该股股价连续大幅下跌，而且还迫使该股的庄家进行了换庄操作（如图5-3所示）。

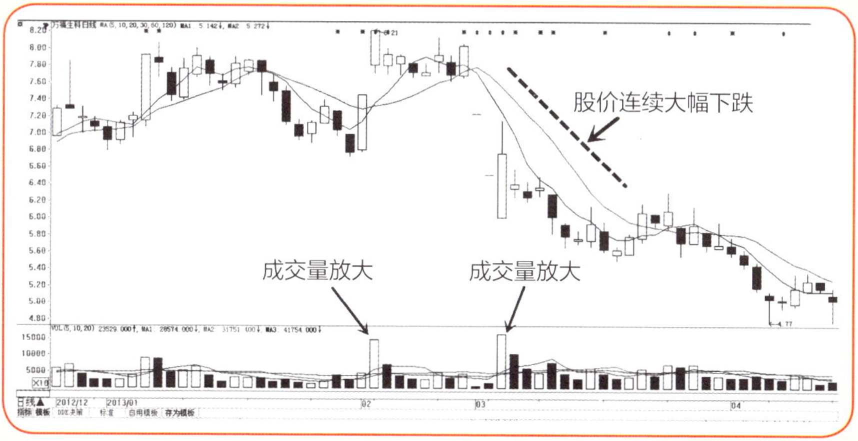

图5-3　2013年1—4月万福生科K线图

（8）不可逆反的政策打压，庄家只能乖乖派发套现。

当股民朋友了解了庄家的出货时机后，就能更好地把握庄家的节奏。当股民朋友抓住庄家的出货时机时，一定要果断逃离。不要因为一时的贪念和对庄家的幻想，将已经到手的利益再拱手送出去。不管是庄家还是普通股民，只要没有将手中的筹码兑换成真金白银，这场股市战争就不算结束。

第三节　庄家出货的征兆

不管庄家怎样谨慎，在出货时都不可能做到完全“隐形”，只要庄家出货就会留下蛛丝马迹。股民朋友能够通过自己的智慧和经验及时地坐上强庄的顺风车，就成功了一半。然而，跟上庄只代表股民朋友买进了未来有升值潜力的股票，并不代表已经获利。尽管账面上有着喜人的盈利，但是如果不能把账面的盈利转化为现实的利润，那也只是纸上谈兵而已，一旦庄家变脸或者有其他突发情况，那么股民账面的泡沫盈利就会化为乌有。所以及时套现是股民朋友跟庄操作的重要一步，也是决定股民朋友能否真正获利的关键点。

股民朋友若要保证真正获利，最关键的是能敏锐地察觉出庄家出货的征兆，在庄家出货之前“逃离现场”。这不是一件容易的事情，但是股民可以根据以下几种情况来决定是否需要出货：

1.正面消息增多

正面消息增多是指在电视上、报刊上、网络上的利好消息增多了。如果在上涨过程中，通过各种媒介传出的好消息并不是很多，但是突然某天正面宣传开始变多，利好消息也不断被放出，那么说明庄家已经开始打退堂鼓了，要出货了。

2.庄家坐庄的目标达到

庄家在坐庄之前都会制订详尽的“作战计划”，其中盈利目标是这份“作战计划”非常重要的组成部分。尽管庄家具体的盈利目标多少无法考证，但是股民朋友还是可以根据股价和成交量的变化推测出一个大致的庄家盈利目标。当运用不同的方法估测时，得出的结论都贴近一个值，那么这个值就是大致的庄家盈利目标，进而就可以推断出庄家出货的时机。

3.放量不涨

一般只要出现放量不涨的情况，基本上就可以认定庄家准备出货了。

4.股价该涨不涨

当大势小情都指示股价应该上涨的情况下，股价却没有上涨，这就是庄家出货前的征兆。

从通光电缆（股票代码：300265）的K线图上可以看到，该股在2014年3月10日创下了当年最高点，并且成交量也放出巨量。按理说，该股的涨势还会维持下去，但是庄家既然已经介入其中，自然不会让股民坐享其成。庄家一旦制订了计划就会严格执行，因此在股价达到了盈利目标位置时，庄家一定会果断出货离场。从之后的K线图来看，股价开始了一段下跌之路（如图5-4所示）。

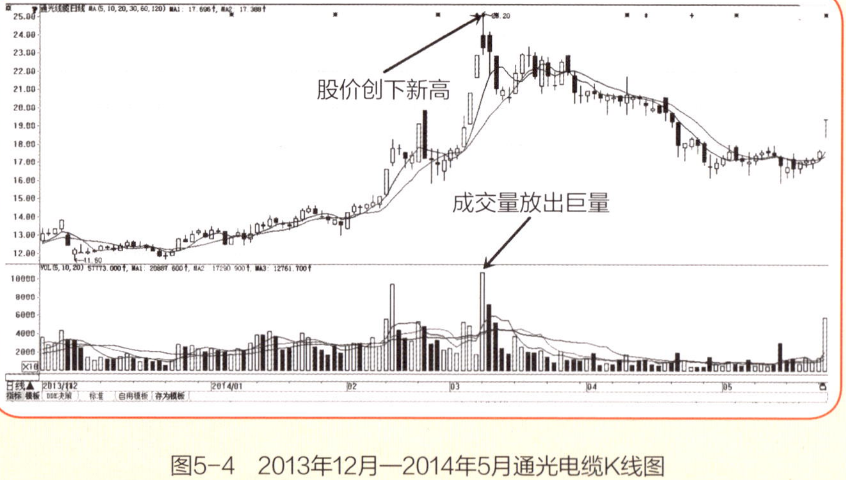

图5-4　2013年12月—2014年5月通光电缆K线图

如果在股市中出现以上几种现象，一旦股价跌破了关键价位，即使成交量没有放大，股民朋友也应该立刻套现逃离。因为对于庄家而言，出货的早期并不需要成交量的配合。

第四节　庄股暴跌的特征

庄股暴跌也叫庄股跳水，它对于股民朋友来说是个噩梦，庄家的这种出货方式显得极为凶横、霸道，不给股民朋友一丝出逃的机会，让股民眼睁睁地看着自己的努力付之东流。综观股市历史，无数股民栽在了这种出货方式上。因此，股民朋友有必要分析一些暴跌庄股的特征，以便能吸收前人的教训，规避暴跌庄股所带来的风险和损失。

通常容易暴跌的庄股都具有以下特点：

1.没有业绩的支持

从价值方面来看，暴跌是个股价值的回归，越是业绩差的个股就越容易暴跌。一旦股价超过了个股的价值，那么股价的回落也只是个时间问题，并且由于股价与价值之间差距较大，股价一旦回落起来速度也会非常快。

2014年8月初，上海自贸区预期升温，上海物贸（股票代码：600882）的股价正式开始了大幅拉升。然而，上海物贸业绩却并不理想。该公司2012年、2013年分别实现归属于母公司股东的净利润为-59 326万元、1 818万元，2014年前三季度该值为43.58万元；而在扣除非经常性损益之后，公司2012—2013年的净利润为-64 545万元、-18 542万元，2014年前三季度该值为-745万元。由于没有优良的业绩支撑，该股的“泡沫”股价终于在2014年10月末难以为继，开始大幅下跌（如图5-5所示）。

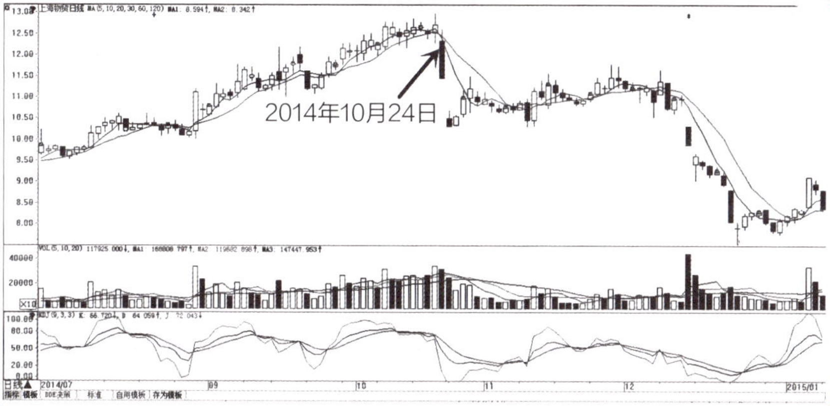

图5-5 2014年7—12月上海物贸K线图

2.持股高度集中

暴跌庄股往往持有大量的流通股份，持股集中度远高于其他个股。

在2012年9月30日罗莱家纺（股票代码：002293）的公告中显示，该股持股人数仅为3 917人，人均持流通股数却高达35 834股。该股虽然有暴涨的潜质，但其隐含的暴跌风险也是不言而喻的。2014年6月14日该股股价攀升到了78.99元，创造了同年最高点，但随后股价就开始一路下跌，到2014年12月4日时，股价在约5个月的时间里暴跌到了32.81元，跌幅达到了56.85%（如图5-6所示）。

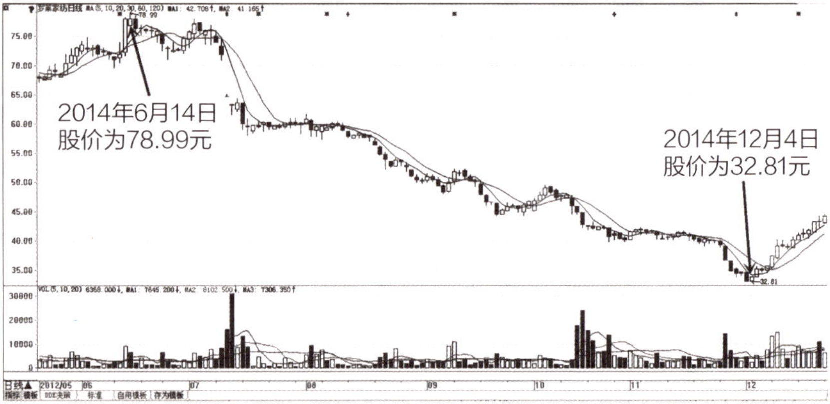

图5-6　2014年5—12月罗莱家纺K线图

3.技术特征明显

这类股票下跌破位后连续几天成交量虽然不萎缩，但是却收出阴线。后面的K线图都是严重受压与均线系统。这种股票在经过一轮“爆炒”后，在高位会出现“避雷针”图形。

金叶珠宝（股票代码：000587）在2013年1月4日就出现了高位“避雷针”图形。自2012年12月4日起，该股在庄家的操控下就开始踏上了大幅攀升的道路，也吸引了许多跟风散户的注意力，散户开始纷纷介入。当该股在一片叫好声中越涨越高时，突然在2013年1月4日收出了一根带有长上影线的阳线，形成了“避雷针”图形，在股民还沉浸在股价上涨的愉悦中时，该股以一根巨量阴线惊醒了还没有及时逃离的散户，随后该股便开始了漫长的下跌之路（如图5-7所示）。

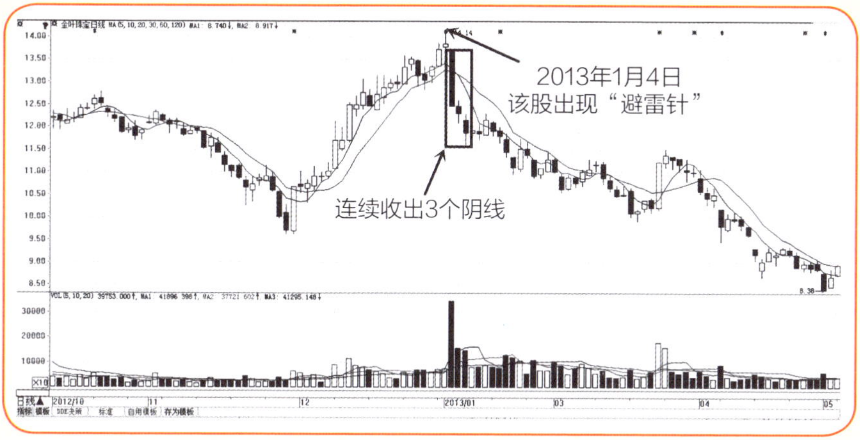

图5-7　2012年11月—2013年5月金叶珠宝K线图

4.前期涨幅巨大

大部分股价在经过大幅的炒作后，股价都会上涨到一个高位。虽说巨大的涨幅就代表着巨大的利润，但是股民朋友不能忽略巨大利润下潜藏的巨大风险。当股价在大幅上涨后，庄家随时都有可能在任何价位兑现利润，这也是庄家为什么要在前期就使股价大幅上涨的原因。

紫光古汉（股票代码：000590）就经历过过山车一般的上涨和下跌。从K线图中可以看到，该股从2014年2月7日开始了一段上涨的旅程，到了2月18日，股价整体涨幅超出了30%。但是好景不长，自2月19日起，该股就接连收出阴线，开始了漫长的下跌之旅。由此可以看出，前期的涨幅并不能代表后势依旧向好（如图5-8所示）。

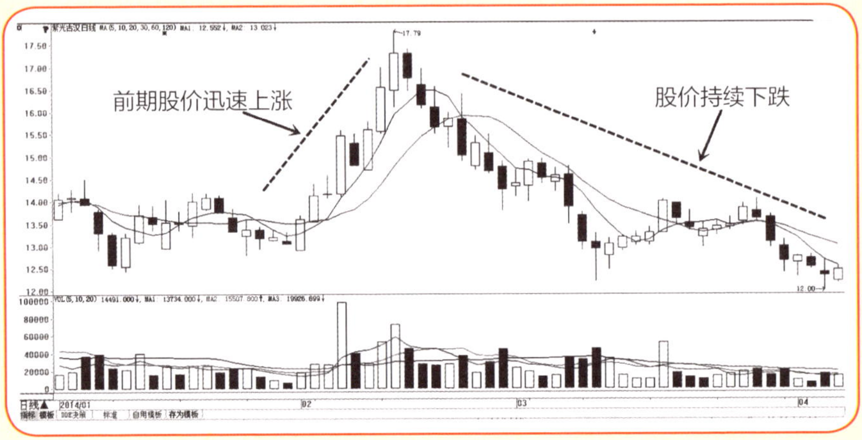

图5-8　2014年1—4月紫光古汉K线图

第五节　庄家出货派发方式

不管是庄家还是散户，都要懂得“卖是师傅买是徒弟”的道理。能够在股价达到预期价位后顺利出货，才能算得上一次成功的坐庄，而庄家想要成功坐庄，就需要“天时”“地利”“人和”的配合。

天时就是指大盘的走势，只有在大盘行情火暴、成交活跃的时候，庄家才能顺利出货。地利是指上市公司的消息配合，包括送股、重组、业绩等一切利好消息。而人和则是指操盘手的操作水准。

庄家在出货时会想方设法地吸引买盘。庄家为了吸引买盘注意力通常会用以下几种方法：

（1）在出货之前塑造大的涨幅，在出货过程中塑造大的振幅，以便能出现在活跃股排行榜中；

（2）盘中快速震荡，争取经常上5分钟排行榜；

（3）做大成交量，这样不但能吸引到别人的注意力和大笔短线资金介入，还能掩盖出货操作痕迹。

随着时间的流逝，股民的经验水平也在提高，如果没有基本面的支持，股民也不会轻易上当。因此，庄家会制造题材，给予炒作的空间和材料，让散户觉得买入该股还有非常大的利润可赚，最终引诱散户跳入庄家挖好的陷阱里。

庄家在吸引买盘，完成出货的过程中，主要会采用四种方式：

1.不断震荡出货

庄家通过反复洗盘拉升，使抛出的人都后悔而回调进场，让持股不动的人都获利。当所有人都认为该股能够赚钱时，持股的人不愿意抛出，而场外持有现金的股民又想进场，就营造出了庄家出货的良机。

这种手段的高明之处在于将调控大众的情绪与炒作阶段有机地结合了起来。在吸货阶段，让散户看空，以便能够吸收到便宜的筹码。在拉升和洗盘的前期，让散户对升势半信半疑。由于每一次洗盘结束后都是向上突破，到了洗盘中后期，散户的多头心理就变得越来越强烈，升不愿意抛，跌当成吸纳的好时机，这时庄家已成功地将散户的多头心理培养起来，在出货时，也就没有了压力，庄家抛出的筹码多头照单全收，套现的目的也就达到了。

震荡出货的K线图具有一定的特点：K线组合一张一合，起伏拉锯，均线穿越K线上下波动。成交量无法放大，保持中量。庄家大批出货后，后续的出货开始混乱，均线横向平走。

震荡出货与洗盘比较像，不好区分。不过如果股民朋友能够仔细分析，还是可以找到一些区别的。由于主力的目的是派发出货，所以在盘面上，股价在向下震荡时，向下抛出的卖单具有连续性，成交量比较真实，基本上都是真正的卖单，并不是庄家制造的假象。并且在向下震荡到箱体底部或者较低价位的时候仍然会有较大的抛单抛售出现。这些较低价位的抛单出现后，股价仍然疲软，股价借大盘走势或者利好消息公布而采取向上震荡时，买单往往不具备连续性。或者持续性买单很假，绝大部分是庄家为了诱惑多头而设置的对敲盘。当股价向上震荡到一定价位时，只要上档持有筹码的投资者显露一丝抛售意愿，庄家就会选择规避交锋，于是股价就转势向下。

2.设置多头陷阱出货

一般情况下，重要的阻力关口一旦被突破，就会变成支撑位，因此，冲破阻力位就成为大部分相信技术分析的股民的操盘准则，庄家经常借用股民的这种操盘准则来制造假突破的现象，诱使散户进场，趁机派发出货。

长海股份（股票代码：300196）的庄家在出货时就选择了营造假突破的方式来制造出货时机。2013年5月29日该股重回5日均线以上，并且逼近箱体顶部，紧随其后的长阳线让跟风散户看到了股价大幅上涨的希望。5月31日，该股放巨量涨停，加重了散户的购买欲，纷纷跟进。而庄家随后便利用了这种人气高涨的时机，从6月5日开始大举出货，随后几日换手率高达43%，出货迹象非常明显（如图5-9所示）。

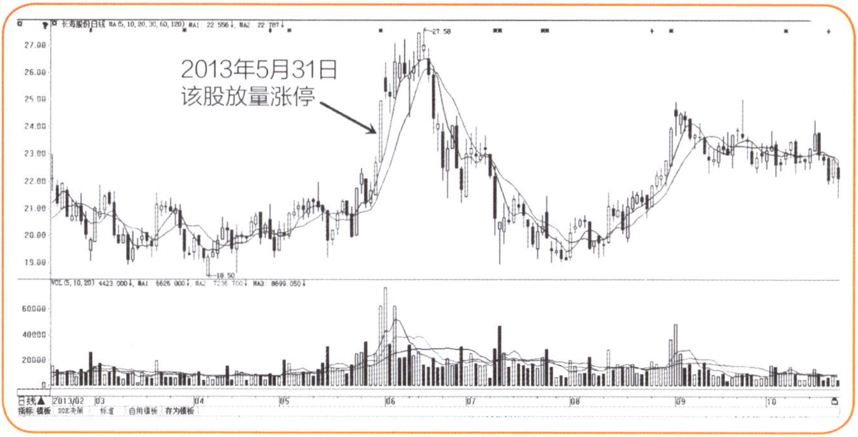

图5-9　2013年2—10月长海股份K线图

庄家利用这种方式出货时，还会充分利用涨停的机会。庄家通过快速拉升股价的方式，来诱惑场外持币观望的投机者进入场中，并且让已经在场内获利的股民产生一种惜售心理。之后庄家通常会以巨量的买单将股价封至涨停，从而进一步加重多头的购买欲，使更多的跟风资金注入。

由于国内采取的交易规则是时间优先和价格优先原则，因此，在涨停价格的挂单都是一致的，虽然无法比较出价格高低，但是时间上却存在先后之分。一般时间上处在前列的是庄家的巨量买单，排在后边是中小散户的跟风买单。这样，庄家采用“明修栈道，暗度陈仓”的方法悄悄撤出挂在前列的买单，然后再将这些买单后的跟风盘顶到前列。这样一来，涨停板的巨量买单数量就不会发生变化。这时庄家就可以用大量的小卖单，逐步将手中的筹码过渡给排在前位的散户。这种涨停出货的方法不但可以将手中的筹码卖出一个好价格，还不会引起一般投资者的警觉，可谓是一石二鸟。

3.利用除权出货

庄家控盘后，经过长时间的炒作、操控个股，盘中的大部分筹码都会被高度锁定，成交量就会变得十分稀少，这样就很难吸引到散户的注意力，出货也就变得非常困难。而股价一旦经过除权后，从表面上看，股价回到了一个相对低的位置，实质上这时股价仍然处在高位，许多散户不明就里，盲目跟风，也就为庄家提供了一个出货的好时机。

2014年9月4日，金运激光（股票代码：300220）的股价已经攀升到了一年中的最高点，说明庄家的前期工作都很顺利，只要能够顺利出货套现，那么就在真正意义上获得了成功。从K线图上可以看到，在随后的几个交易日，跟风盘接踵而来，庄家卖多少就有人接多少，成交量急剧放大。而当股民还在美梦中遨游的时候，该股以除权的方式瞬间将股民的美梦击碎，而庄家却早已凯旋。因此庄家利用除权出货的方式，对股民朋友来说无疑是一种噩耗，而非喜讯（如图5-10所示）。

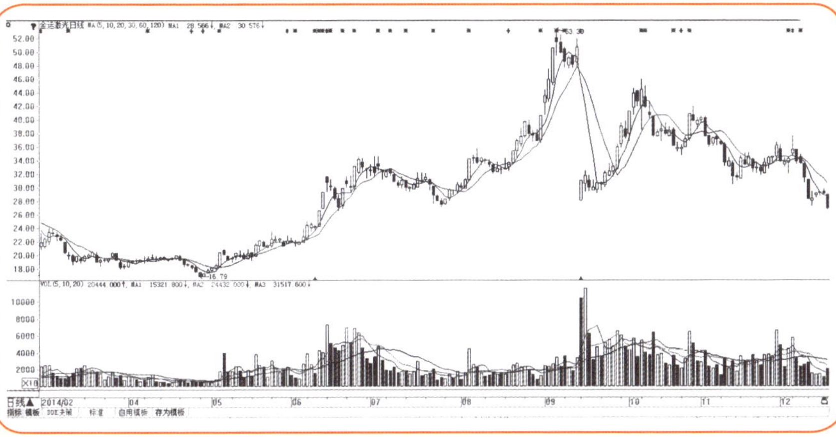

图5-10 2014年金运激光K线图

4.快速压出货

当庄家把股价拉升到足够高的位置后，为了能够尽快将手中的筹码套现，会通过横向的K线上影线拉高股价随时准备出货，一旦盘口有买盘，庄家就会果断进行针对买盘的打压，以便能够抛出筹码。

在东华软件（股票代码：002056）的K线图上就出现过快速打压留下的痕迹。2014年3月中旬开始，该股股价就在40元附近横盘调整。在手持该股的投机股民还在做着股价上涨的美梦时，庄家用3根连续阴线给了投机股民当头一棒，股价也由40.8元下跌到36.4元。从股民的角度来看这种方法确实凶残，但从庄家的角度来看，这确实是一种效率非常高的出货方式（如图5-11所示）。

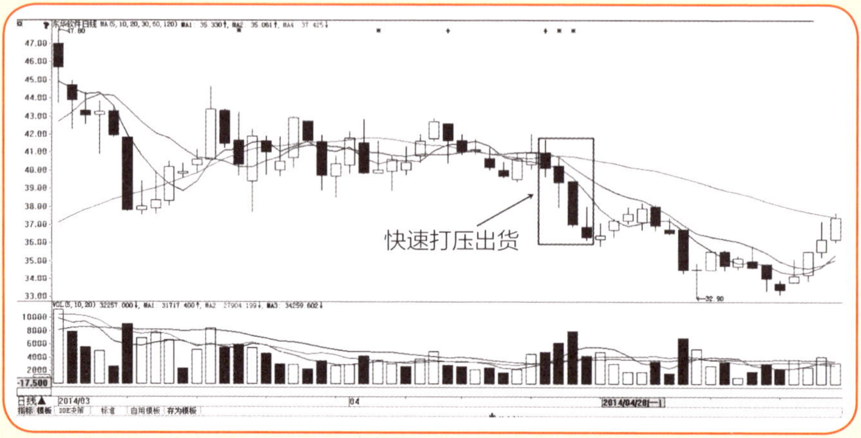

图5-11　2014年3—5月东华软件K线图

这种出货方法多被用于绩差类个股。由于投资这类个股的股民投机心理较重，所以在股价迅速上涨的过程中，很少有人会将手中持股抛出。但是由于这类个股基本面比较差，高位震荡的方法会使庄家派发变得极为困难。因此，庄家会趁投机散户还抱着股价继续上涨的幻想时，迅速抛售，先套住高位介入的跟风盘，接着再将敢于抢反弹的散户一网打尽。

庄家经常利用大盘或者个股人气火爆的时候，采用这种出货方法反手做空，使散户根本没有反应和抵抗的时间，既凶狠又迅捷，让人猝不及防。

5.利用反弹出货

庄家在完成了一次中等幅度的出货动作后，巨大的坐庄利润已经兑现。这时，庄家会利用手中剩余的筹码迅速向下打压股价，使股价跌破30日均线的重要技术支撑位，将跟风盘牢套在高位。同时由于股价快速下跌的短期乖离巨大，庄家就可以顺势在低位补进筹码，营造出反弹行情，获取该股的最后利润，彻底完成出货。

庄家的这种出货方法在K线图上的表现为：30日均线弯头向下发出庄家彻底弃庄的信号，股价跌破关键技术位并且毫无支撑。股价在大幅向下远离30日均线后，就具备了产生反弹行情的乖离条件，庄家还会再次进场补筹，做最后的扫尾工作。当股价反弹触及下压的30日均线时庄家就会彻底告别该股。从此该股便开始了漫长的下跌长途。

介入贵糖股份（股票代码：000833）的庄家在2013年11—12月中旬采用的这种利用反弹出货的方法。当股价连续收出阴线从高位迅速下跌后，部分胆大的股民迅速抓住机会，利用股价反弹来赚取差价。当部分“抢钱”的股民沾沾自喜时，殊不知已经落入了庄家布置好的圈套当中，庄家正是利用了股民敢于抢反弹的投机心理，顺利完成了后续出货（如图5-12所示）。

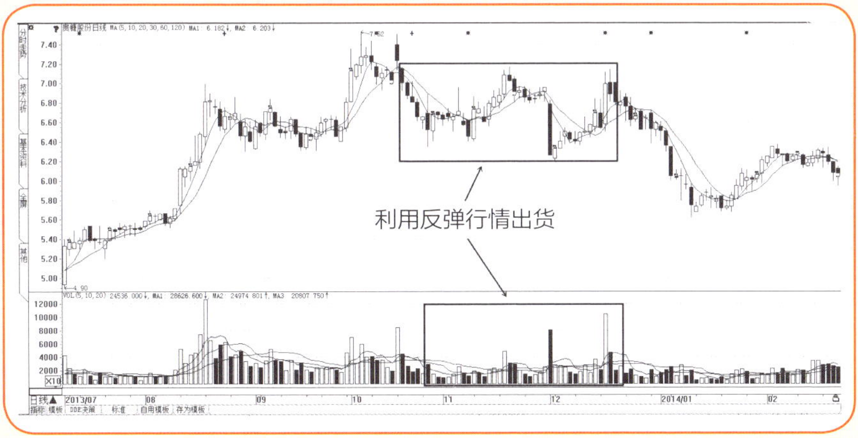

图5-12　2013年7月—2014年2月贵糖股份K线图

在庄家出货时，股民朋友一旦贪念过盛就可能会陷入绝境，因此，一旦个股严重破位，就不应该再抱有任何幻想。此时最正确也是最好的办法就是立刻斩仓逃离，在场外观望。

第六节 庄家的洗盘和出货

庄家洗盘不是为了洗掉所有的股民，而是为了洗掉一些不坚定的短线跟风盘。洗盘是庄家在股价上升时期使用的一种技术性整理手段，其目的是通过整理换手，洗掉市场内的获利筹码，让市场内的持股成本趋于一致。洗盘的结果会造成大量的浮动筹码被庄家视为目标锁定，从而使市场中的浮动筹码进一步集中。

洗盘现象在技术上有以下特点：

（1）成交量快速萎缩；

（2）股价波动幅度逐渐减小；

（3）盘面浮动筹码稀少；

（4）股价在中长期均线附近被控盘。

庄家出货就是为了能够竭尽所能地吸引买盘，通过各种各样的手段来稳住股民的信心，促使自己能够在尽量高的价位上派发出手中的筹码。出货与洗盘的结果正好相反，洗盘是为了锁定集中筹码，而出货则是为了将锁定集中的筹码变成分散的筹码。一旦筹码分散，那么盘面中的浮动筹码数量就会增加。

出货的具体表现为：

（1）盘面浮动筹码变多；

（2）成交量长时间内无法萎缩，并且始终保持在较为活跃的状态；

（3）会有很多朦胧的炒作材料或者是利好消息出现。

弄清庄家洗盘和出货的区别，对于股民朋友来说是非常必要的，因为这直接关系到了股民朋友获利的多少。但到了具体操作的时候，很多股民朋友经常分不清庄家到底是在出货还是在洗盘，这样就直接促使了类似卖出的股票一路飙升；死捂的股票不停下跌，深度被套的情况发生。以至于除了会在经济上造成损失外，还会极大地打击股民朋友的自信心。

那么，应该怎样区别庄家的洗盘和出货呢？

1.从K线图的形态方面区别

对于股民朋友来说，在分析庄家到底是在出货还是在洗盘时，K线图是一种必要的辅助分析工具。一般来说，庄家洗盘时个股K线走势往往会出现长线实体的大阴线，而出货时，为了能让投资者对后市持看好的态度，K线走势在股价正式破位之前常常会出现一连串的小阳线。

庄家洗盘的目的是能吓跑一些不坚定的跟风盘，并不是吓跑所有的持股人，如果吓跑了所有的持股人，庄家就需要买进更多的筹码，这样就会加大庄家的压力。因此，庄家必须要让一部分坚定的持股人依旧看好该股，助其锁定筹码。所以在洗盘的时候，股价是不会跌破某些关键价位的，这些价位往往是上次洗盘的起始位置。上次洗盘的位置会被选作关键价位的原因有两个：一是上次洗过盘的价位不需要再洗一次；二是不给上次被洗出的股民回补差价的机会。这就使K线形态有了十分明显的分层现象。

而庄家出货的第一目标是将手中的大量筹码卖出，所以不会太过在意关键价位。这样就导致了K线价位失去了控制，一路下跌。

洗盘和出货还可以通过关注成交密集区来区别。不管是洗盘还是出货，都离不开成交量的配合，因此，当成交密集区出现在不同位置时，所代表的意义也会有所不同：当股价从底部区域启动不久，离低位成交密集区不远的位置，这时出现洗盘的概率较大；当股价逼近上档套牢筹码的成交密集区时遇到阻力，那么，出现出货的概率比较大。

2.盘口方面的区别

庄家在洗盘时在卖盘上会挂出较大的卖盘，造成卖盘多的假象。当庄家在对敲下挫时分不清是洗盘还是出货，但是如果出现了在关键价位，卖盘很大而买盘不多，买入速度却非常快，成交笔数很多，并且股价不再下挫的现象，那么很可能就是庄家在洗盘。

而出货与洗盘恰恰相反，庄家不会在卖盘上挂出较大的卖单。庄家出货时盘口具体表现有以下三种可能：

（1）下方买盘变大，形成一种买盘多的假象；

（2）下方并无大买单，但是上方某个价位出现了吃不完的货；

（3）成交明细中常有大卖单卖出但买单却非常稀少，导致价位下跌无法上涨。

在盘口方面，股民朋友还可以具体从成交量、价格、尾盘的异动来分析洗盘与出货的区别。具体区别方法如下：

· 以成交量的变化区别。

洗盘的成交量变化特征是逐渐缩减，即随着股价的破位下行，成交量也不断地萎缩，往往这个萎缩阶段能创造出阶段性的极小量或者地量。出货时成交量的变化与洗盘不同，在股价出现停滞上涨的现象时成交量较大，而且在股价转势下跌后，成交量仍旧不会出现明显的缩小现象。

· 以价格变动的情况区别。

为了能够洗出市场中的浮动筹码，洗盘一般都需要股价下跌的配合，并且下跌的幅度要大，速度也要快，甚至有时庄家会做出股价连续大幅下跌的假象来吓出股民手中的持股。而出货是为了能抛筹套现，所以股价走势也会相对温和，以一种缓慢下跌的速率来降低股民的警惕性。

· 从尾盘异动来区别。

一般在庄家出货时，尾盘出现异动的概率比较小。而庄家在洗盘时，尾盘出现类似于股价全天的走势都很正常，但是在接近尾盘时，突然遭遇巨大的卖盘打压的异动现象。

3.以持续时间区别

在股价上涨过程中，洗盘往往都不会持续很长时间，因为洗盘的时间越长，留下的痕迹就越多，就越容易被股民发现，股民发现后就会趁机大量建仓，这是庄家不愿意看到的事情。而出货通常都会维持一段较长的时间，表现出缓慢阴跌或者稳定的震荡整理走势。

4.以重心移动方向区别

重心是否下移是判断洗盘与出货的主要标志。庄家为了能够顺利洗盘，会把图形做得非常难看，让股民对该股失去信心，防止股民捡到便宜的筹码。所以K线无论收大阴线、十字星、长上影线还是连续收多根阴线，重心始终都不会下移，即股价始终保持在某一价位。

而庄家的出货虽然有时会把图做得好看，收出许多阳线，但是重心却一直在下移。

万顺股份在2013年3—5月，虽然股价在一直上下震荡，但是股价的重心却没有下移，庄家的洗盘意图比较明显（如图5-13所示）。而新大新材（股票代码：300080）的K线图虽然经常阳线，但是股价的重心却一直在向下移动，庄家的出货意图比较明显（如图5-14所示）。

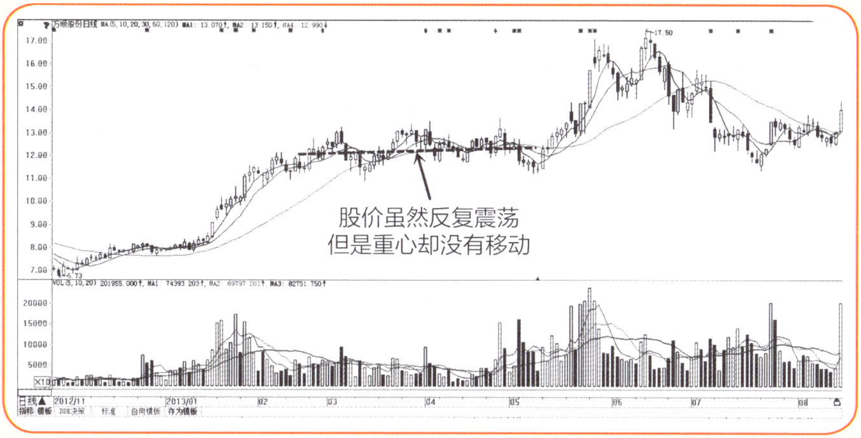

图5-13 2012年11月—2013年8月万顺股份K线图

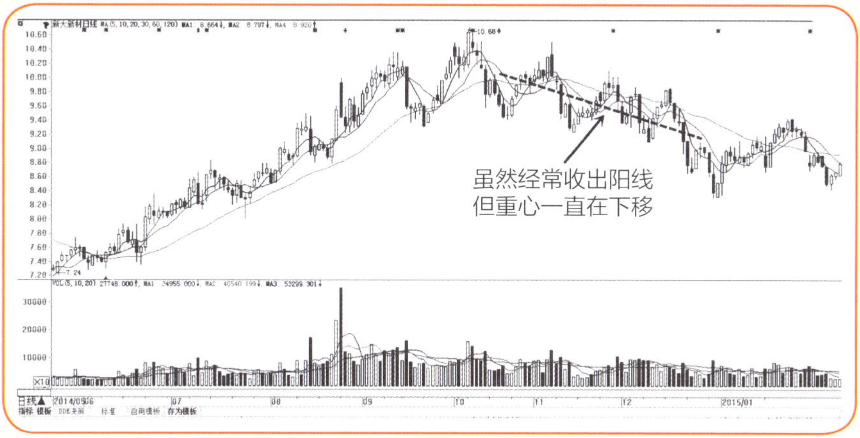

图5-14 2014年6月—2015年1月新大新材K线图

庄家洗盘出货的手段虽然千变万化，但是万变不离其宗，只要股民朋友能够对K线图有一定的深刻了解，在懂其表的基础上也能做到懂其质，并且跟上庄家技术进步的脚步，及时研究思考、及时适应，那么股民朋友就一定能把握庄家的意图，获得操作上的成功。

第六章
如何应对庄家异动

庄家在坐庄的过程中通常会运用一些特殊手法做盘，这些特殊的手法包括突然涨停或者突然跌停、突然缩量、开盘和尾盘异动等。对于散户来说，这些变化具有特殊的意义，需要深入分析和考察，从而能够在这些特殊的手法中敏锐地观察出庄家真正的意图，然后再进行相应的策略分析和应对操作，保证自己能够跟成庄、跟好庄。

第一节　突然涨停的应对策略

有经验的投资者，一般都会知道A股市场的股票涨停是源于公司有重大利好，或大盘有重大利好，或是庄家提前知道有重大利好，对该股或大盘的未来走势看好，而在当日的最高价位，即涨停价位大举买入，买入手数巨大，依据盘子的大小不同，几百万手、几千万手、N多亿手不等，涨停后，想买进该股的投资者，只能在涨停价位，等待有卖出的投资者。

一般来讲，封单巨大，且封单时间早的股票，特别是在询价时、开盘时，或上午11点前，直接打涨停板封单的，连续出现两三个涨停板，或更多涨停板的可能性较大。出于对涨停板强势股的预期和短期内投资高收益的愿望，投资者往往会在涨停价位买入，积极接盘。市场中，很多投资者说，死也要死在强势股上。

但是，投资者需要注意的是庄家往往也会利用投资者对于强势股涨停板的心理预期和短期内获得高收益的心理大肆封单出货。

1.庄家打涨停板出货或减仓的原因

（1）获利了结或部分兑现。它的表现手法是边拉升、边减仓。如果该股已在较高的位置，庄家已经获利丰厚，想兑现利润或兑现部分利润且市场人气活跃，庄家还会用打涨停吸引散户、大户、机构跟风，接盘买入，虽然庄家已经获利兑现，但是股价还可依靠外部加入的力量连续走高甚至是连续涨停，这样庄家就可以坐享其成。

（2）当处在熊市时，庄家也会打涨停板，但这种行为往往不是为了拉升，而是为了出货或减仓。由于庄家对未来的大盘或个股走势不看好，为了能够顺利套现就会趁大盘或者个股反弹时，打涨停板出货或减仓。这时候如果股民急于在涨停时抢买，那么就会面临比较大的风险。

所以，一般股民朋友在发现涨停的人为迹象比较明显时，不应该急于买入追高，应该首先要搞清楚股票涨停的原因，判断庄家拉涨停的目的，综合分析情况，对症下药。

通常庄家为了洗掉散户，会在涨停后打开涨停，将部分散户放走。基本上庄家是不会为了建仓而接涨停板的筹码。

特锐德是创业板股票，2011年—2014年4月，经过了将近三年的震荡筑底，终于在2014年7月23日，以一个一字涨停打开了尘封许久的行情。到了2014年10月13日，该股创出新高。按照股民平时的经验，股价创出新高后即使小幅回落最终也会再次走高。股价的走势也没有脱离股民的惯性预判，该股确实在10月28日继续以涨停的方式来宣泄上涨能量，但这真是股价实质性的上涨吗?

其实这就是庄家利用投资者的惯性思维，股价创历史新高，哪怕短时下跌也还是会继续走牛的大众共识，庄家大单封涨停板，花大钱解放所有套牢盘，而庄家的这种行为方式往往会在盘面上留下成交量放巨量的痕迹（如图6–1所示）。

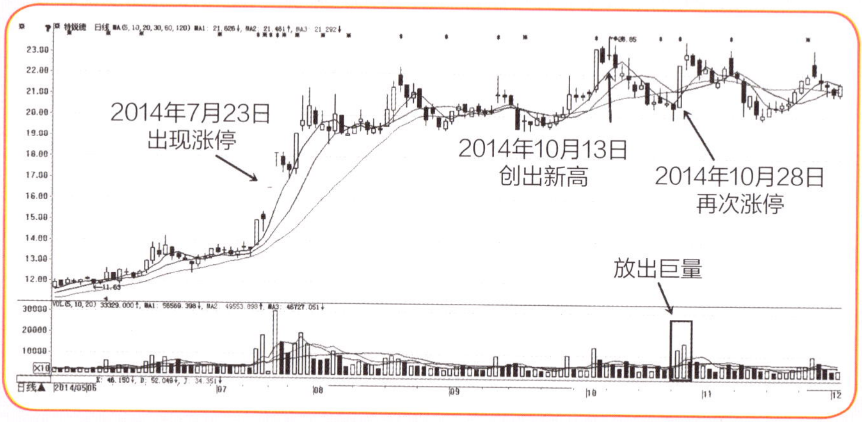

图6-1　2014年6—11月特锐德K线图

如果投资者在追涨停板后发现庄家是打板出货，手持该股的股民应该及时卖出，如果是当时追进的，由于股市T+1的制度就只能等到第二个交易日开盘或询价时寻找好的时机卖出。

2.涨停股的卖出时机

（1）涨停股买入后，第二个交易日如果收盘前涨幅小于3个点，股民朋友可以选择获利了结。

2014年12月2日，同有科技（股票代码：300302）在短暂涨停后又打开涨停板，以31.13元价格收盘。但是该股犹如故意捉弄沾沾自喜的散户，第二个交易日就以30.38元的价格收出一个阴线，相较于涨停日来说，该股第二个交易日非但没有上涨，还走入了下跌的趋势中。如果这时股民朋友还没有从幻想中挣脱出来的话，就要面对巨大的损失了（如图6-2所示）。

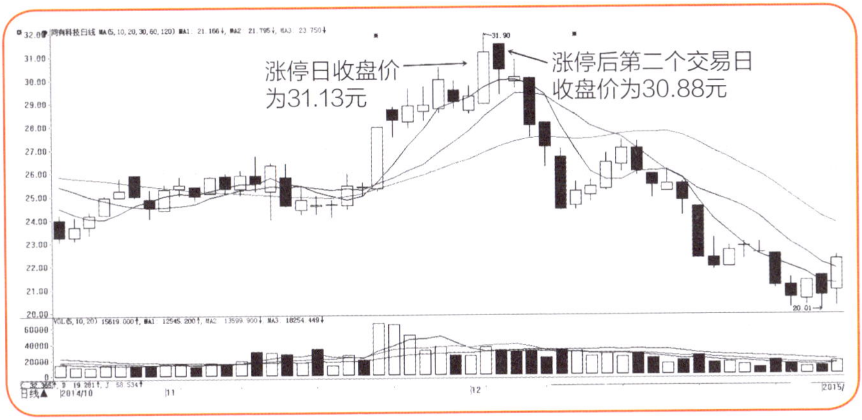

图6-2　2014年10—12月同有科技K线图

（2）涨停股买入后，如果第三个交易日的最高价比第二个交易日的最高价低或者连续两个交易日收小十字星时，应该选择果断卖出，以免被高位套牢。

（3）第二个交易日，如果开盘30分钟内涨停或者连续涨停，那么股民朋友可以选择继续持有，如果第三个交易日没有上涨，那么可以选择卖出。

3.买入涨停后，第二个交易日的操作方法

（1）第二个交易日开盘就继续涨停，股民朋友可以选择继续持有，但如果封单逐渐减少，则要小心庄家出货，如果有大单连续流出，则要及时卖出，获利了结。

（2）如果第二个交易日股价是高开低走，高点高于3个点的涨幅，则在再次拉起后，获利出场。

（3）如果第二个交易日的股价是高开高走，但回踩时下跌幅度超过1个点，涨势出现疲软，则挂单出货，获利了结。

（4）如果第二个交易日股价平开高走，股价如果回踩幅度超过一个点，则可以选择挂单出售。

（5）如出现第二个交易日股价低开高走，股价回踩时超过一个点，说明走势疲软，则应该选择迅速出货。

（6）如果出现第二个交易日股价平开后迅速下跌，则应等盘中回抽反弹时择次高点出货。

（7）如果出现第二个交易日股价低开低走，则应趁反弹逢高出货。

西南药业（股票代码：600666）于2014年12月18日以涨停收盘，收于15.46元，可惜的是这种良好态势并没有持续多久。仅仅在第二个交易日，该股就低开低走，后市走向继续恶化（如图6-3所示），股价虽有几次体现出了一些反抗情绪，但依旧改变不了下跌的命运。如果股民朋友一味对该股抱有幻想，就会面临更大的损失（如图6-4所示）。

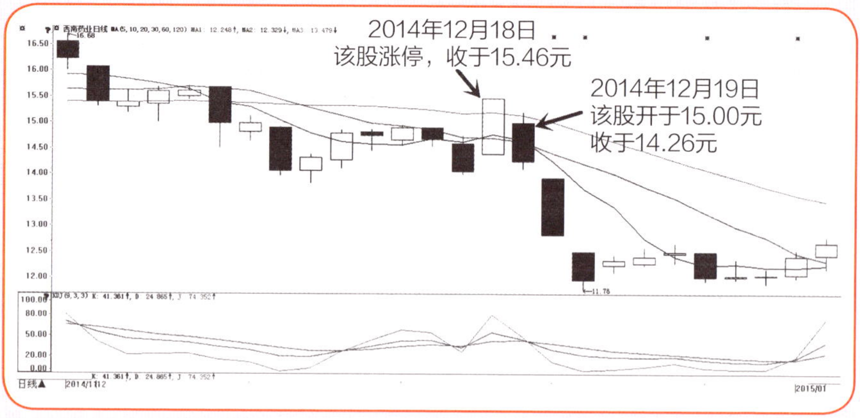

图6-3　2014年12月西南药业K线图

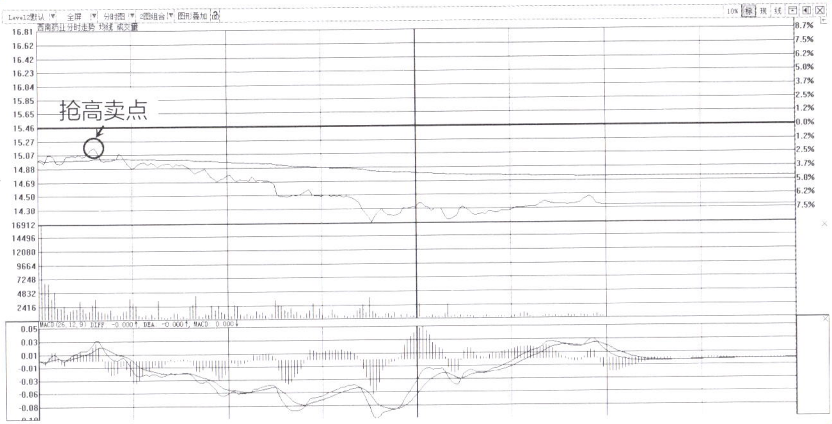

图6-4 2014年2月19日西南药业分时走势图

4.涨停板出货技巧

（1）如果第二个交易日，开盘5分钟内出现上一个交易日的收盘价，不管是盈利还是亏损都应该选择果断出局。

2014年12月15日大连电瓷（股票代码：002606）以涨停收盘，收于19.05元。对于股民朋友来说涨停是一件好事，但是如果不分情况加以区别对待，很有可能给自己带来损失（如图6-5所示）。

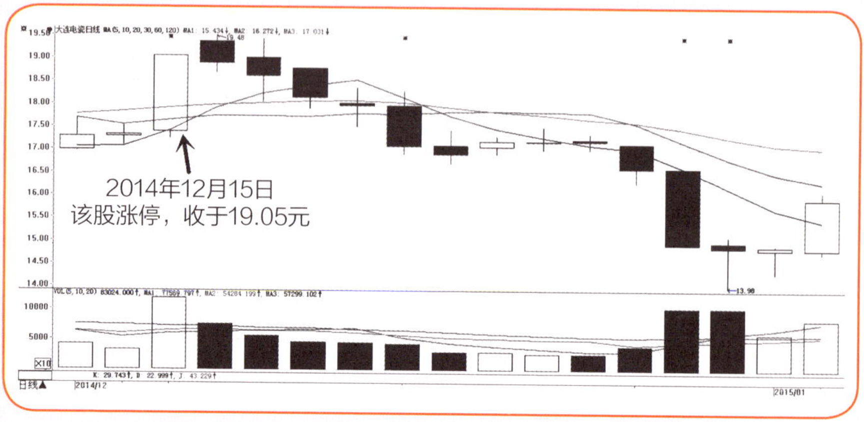

图6-5　2014年12月大连电瓷K线图

结合大连电瓷2014年12月16日的分时走势图可以看到，该股股价于当日9点34分的时候下跌到了18.88元，通常这类个股的后市不被看好。结合该股后市的K线图来看，如果股民朋友没有及时提高警惕，就有可能被高位套牢（如图6-6所示）。

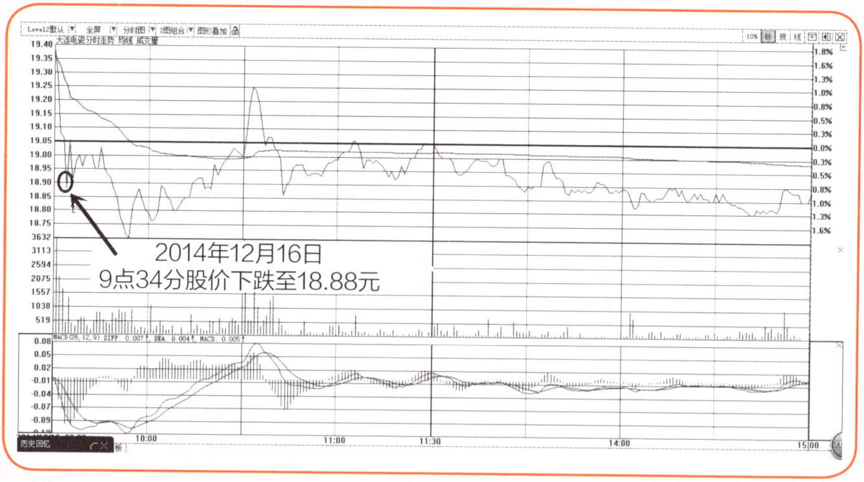

图6-6　2014年12月16日大连电瓷分时走势图

（2）止跌涨停、高位涨停、连续涨停的龙头股，或者是在尾市跳水时逆势涨停的个股，如果15分钟KDJ指标出现拐头向下的情形，则应该果断卖出。

股民朋友在介入涨停板的股票时，要注意涨停不代表一直涨停，涨停的股票也不代表肯定会盈利。如果股票涨停后不断出现利好的消息，那么就需要保持高度的警惕，千万不要盲从跟进买入。在没有做充分分析和研究的前提下，涨停板的股票也很有可能带来巨大的损失。

第二节　突然跌停的应对策略

首先，股民朋友应该知道个股为什么跌停，弄清楚庄家操控其跌停的目的是什么。投资者只有弄清楚庄家的意图，才知道该买还是该卖。

一般庄家操控个股跌停有两种原因：一是股票在低位长期横盘，庄家经过长时间地吸筹后已经掌握了大部分的筹码。在拉升之前，为了减少上升过程中的获利盘的抛盘压力和接盘成本，庄家会在下跌一段时间后绘制一条大阴线或者跌停板，直接让持股者绝望，看空后市，这样庄家就能低价吃掉股民所抛出的筹码。如果股民朋友在投资股市的过程中遇到这种情形，一般要重点关注成交量，如果成交量连续多日大幅缩减，那么庄家就有可能在较短的时间内突然拉升，股民朋友如果还有持股就可以选择耐心等待一段时间。

蓝色光标（股票代码：300058）在2012年5月24日以6.86元的价格见底，庄家开始筑底吸筹、洗盘、拉升的行动。至2012年10月23日，该股股价已经涨至12.46元，翻了将近一倍。就在投资该股的股民以为庄家将会进入主要拉升阶段时，该股突然以一个跌停击碎了所有股民的美梦。

跌停时的成交量几乎是前一交易日成交量的6倍，如此大的日成交量，在平时是股民不敢想象的，但是就是在这种惊人的成交量出现之后，该股一路上行，至2013年9月30日，蓝色光标的股价已经涨到34.30元。一年的时间里，该股股价涨了4倍多（如图6-7所示）。

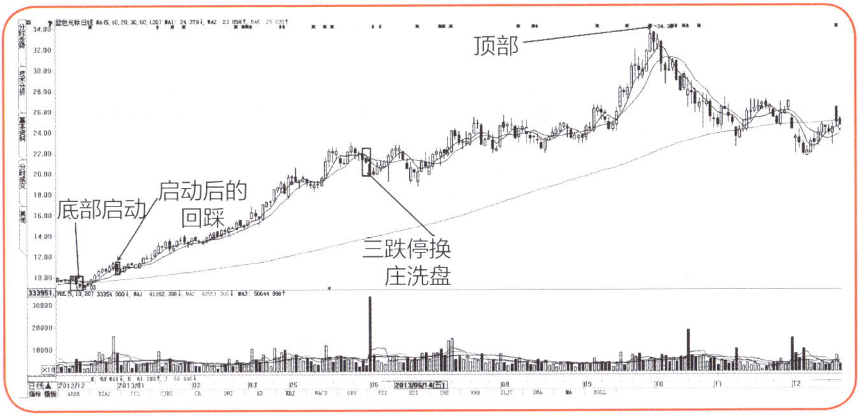

图6-7　2012年5月—2014年3月蓝色光标K线图

其次，在股票已经在上行通道中运行时，庄家筹码还没有吸收够或者中途有其他庄家介入影响时，庄家就会制造利空舆论，利用这种散播消息的手段将股价打到跌停或者使股价连续下跌，破坏上涨节奏甚至破坏已经走好的图形。比如让5日、10日线死叉或者5日、10日、20日线死叉，打破关键支撑位，让投资者或者其他庄家认为该股走势已经开始恶化，从而抛出手中筹码。

遇到这种情形，投资者其实很难决断取舍，因为如果继续持有，就可能会赔光利润甚至是由盈转亏；如果抛出，就很可能会出现你刚抛，它就出现连续上涨的态势，从而使投资者丢掉了一只牛股。

其实在这种时候如果出现跌停板，纵然打开跌停股民朋友也不应该盲目买进，一般来说，要等反弹越过前高，继续上涨，且不放大量，才能跟进。

2013年6月25日，网宿科技（股票代码：300017）的庄家在15.48元的位置启动拉升后该股并没有任何异常变化，直至2013年10月10日，股价在攀升到31.41元后高开低走，直接打到跌停板，第二个交易日再甩出大阴线，放出巨额成交量后，该股掉头奔驰，一路急速上升，于2014年2月11日拉到高点69.53元。如果股民朋友没有把持好其中的尺度，被庄家吓跑，那么就等于扔掉了已经到手的利润（如图6-8所示）。

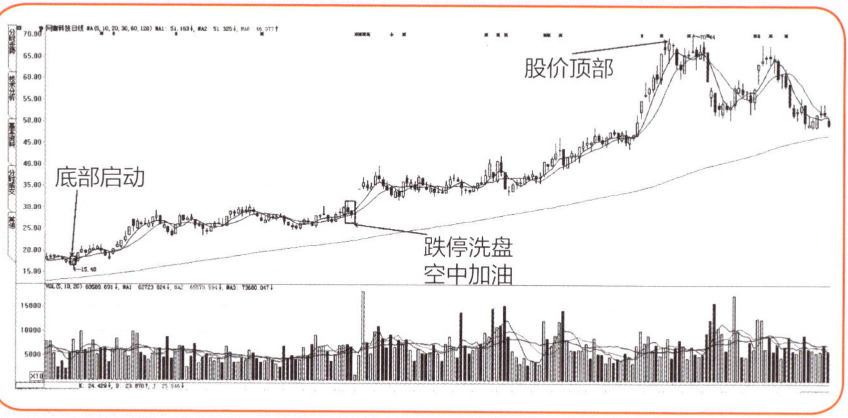

图6-8　2013年6月—2014年11月网宿科技K线图

跌停后抢反弹有时确实可以弥补之前的损失，但如果是庄家利用跌停出货，那么只要时机把握得不对，不但不能弥补之前的损失还会增加损失。因此，当股民朋友遇到庄家利用跌停出货的时候，千万不能介入其中。而已经手持这类股票的股民朋友也不要轻易、盲目地在跌停后抢反弹，否则很容易造成适得其反的局面。

第三节　开盘特殊手法的应对策略

1.股票大幅高开

股票高开一般有以下三种情形：

（1）市场环境好，普遍上涨，个股跟随其上涨，普遍高开；

（2）个股强势，投资者对该股的预期一致看好，早盘询价时，给的价一致较高，造成高开；

（3）大盘或个股有突发性利好，从而造成买盘蜂拥而入，在早盘竞价阶段，给的价都较高，造成高开的现象。

2015年2月5日早盘时，大盘和个股普遍高开，这与央行降息这种突发情况的发生有着密切的关系（如图6-9、图6-10所示）。

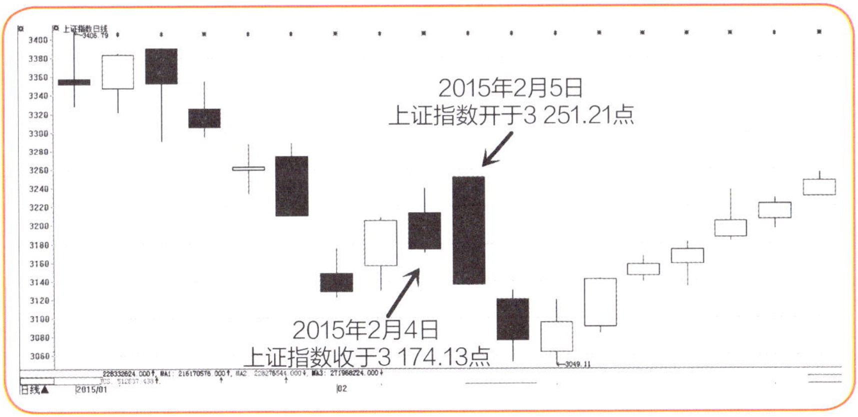

图6-9　2014年2月上证指数K线图

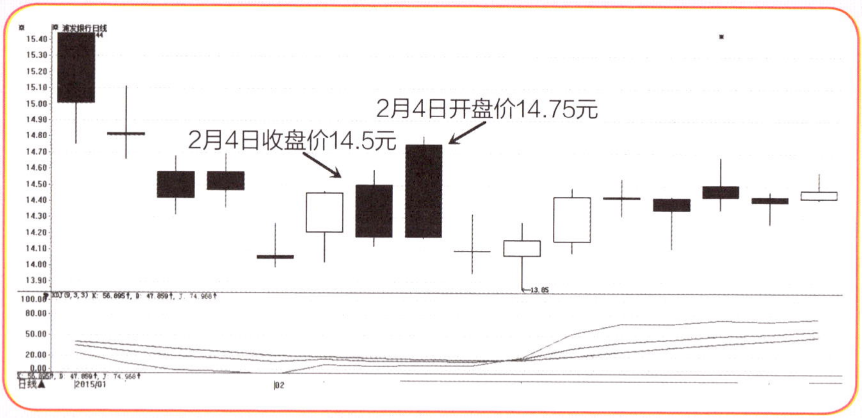

图6-10　2014年浦发银行K线图

对于有准备的庄家，他们主导的个股开盘高开一定是有原因的，其原因一般有以下几点：

（1）试盘。早盘跳空高开，然后逐渐下行，收盘以微涨或平盘，甚至阴线来结束一个交易日的走势，是为探明继续向上的压力，试试抛盘的大小，来确定是调整震荡一段，还是直接上行。

乐普医疗（股票代码300003）自2012年12月4日开始，以7.65元的股价上行，在经过三浪上涨后，到2013年10月15日股价已经涨到了16.21元，股价在经过10个月的上涨后，已经翻了两倍多（如图6-11所示）。

图6-11　2013年12月—2014年11月乐普医疗K线图

2013年10月15日，乐普医疗跳空高开然后下行，走出了大阴线，随后该股便进入了调整阶段，该阶段持续了20多个交易日后，该股才继续上行。到2014年11月10日，该股涨到了27.44元，这就是跳空试盘的手法。庄家高开后，如果数据显示抛压沉重，它会高开低走，一路打压（如图6-12所示）。

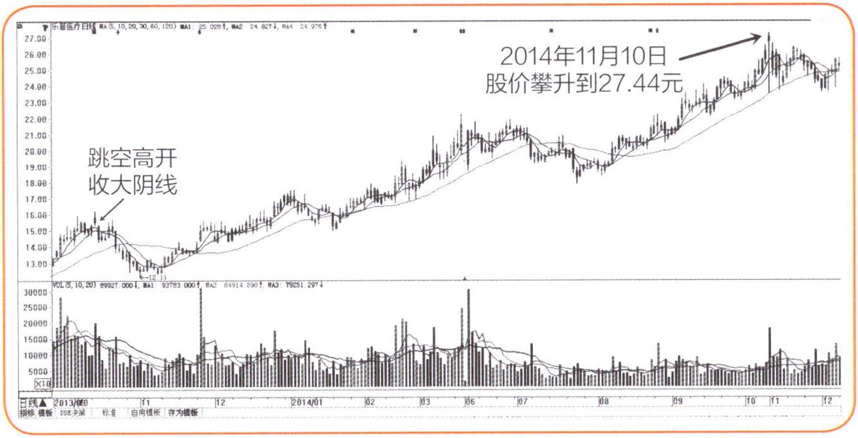

图6-12　2013年10月—2014年12月乐普医疗K线图

（2）提升在市场中的知名度，吸引散户眼球。个股在上行一段后，庄家怕人气不足，没有足够的跟风盘接盘，因此庄家会在开盘时绘制高开现象或者跳空高开现象，一般这时候成交量不会大幅增加，因为庄家也舍不得抛出太多筹码。

（3）连续拉升后，庄家获利丰厚，利用高开或者跳空高开来吸引买家追涨，自己开始出货或者减仓，这时的成交量就会明显放大。

（4）强势洗盘。庄家在拉升过程中，想提高持股者成本或者还想吸筹加仓，就会利用高开低走的钓鱼线走势，营造出一种出货的假象，骗走持股股民，捡到更多的筹码。通常这样的方法都在盘面上会形成空中加油走势。

2.股票大幅低开

一般在大盘熊市或者个股走弱陷入熊市行情时，股价大幅低开发生的概率较大。

大幅低开也是庄家常用的做盘手段之一。它通常会在开盘前半分钟内，突然挂出一笔低价大卖单，把股价砸低，造成持股者对该股的恐慌情绪和持币者的犹疑情绪。一般庄家的目的，可能有以下几种：

（1）利用诱空来达到洗盘目的；

（2）行情的下跌可能是已经下行一段时间后的最后一跌，以此来达到最后洗盘的目的，为之后的拉升做好准备；

介入南都电源（股票代码：300068）的庄家就采用了这种方法来为后市拉升打好了基础。在经过一段时间的下跌后，该股于2014年10月16—24日出现连续下跌的态势，庄家的这种手段犹如快刀一样斩掉了为数不多的散浮筹码。当市场中的浮动筹码已经足够少的时候，股价便开始了大幅攀升（如图6–13所示）。

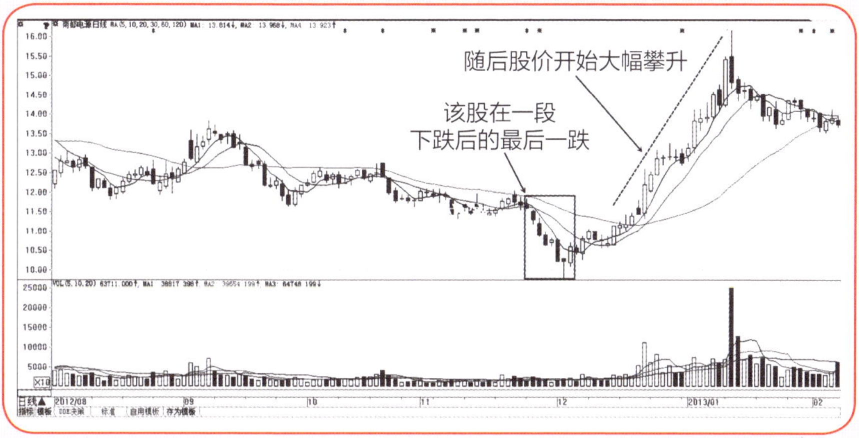

图6–13　2014年4月—2015年1月南都电源K线图

（3）新一轮下跌行情的开始；

（4）庄家出货态度坚决，并且不想再花费更多成本。

一般情况下，向下跳空低开是反转发生时，或反转发生后出现的，它意味着一个新趋势的开始，或一个旧趋势的结束。

如果跳空低开，发生在顶部，且向下运行，则是出货的可能性比较大，此时，投资者也很容易辨识，不会轻易跟风接盘。庄家针对此种现象，就变换了一种手法，跳空低开后，直接打跌停板，跌停板停留一段时间后，一般在下午2点左右直接拉起，形成低开后的大阳线，此为假阳线，以诱惑投资者买进为目的，让投资者以为是庄家洗盘完成。但往往该股在第二个交易日会继续低开低走，把抢反弹者直接套住。

应对这种跳空低开个股，一般有以下几种方法：

（1）强市中如果该股上涨幅度不是很大，或上涨一段后，已经下跌了一段时间，再来一根跳空低开大阴线，缩量，则庄家洗盘概率大，可考虑跟进，买入；

（2）如果是熊市中弱反弹，或阴跌后的跳空低开，则要小心是新一轮下跌的开始，要果断止损卖出，或者持币观望；

（3）如果是个股顶部时的庄家出货，则投资者要坚决卖出，或持币观望，不要抢反弹。

股民朋友只有了解了庄家在开盘价上做文章的手法和目的，才能做出正确的应对策略。这不但需要股民能够在面对庄家时保持一个冷静的头脑，还需要足够的知识和技能储备，当对整体局势有一个深入、细致的分析后，才能更加从容、轻松地面对庄家。

第四节 突然放量的应对策略

一般来讲，个股的突然放大量有两种原因：一是庄家大量买入准备拉升；二是庄家大量卖出套现。

在技术派人士看来，量是个股走势的生命之水。如果底位放量尤其是底位连续放量，那么该股上涨的可能性较大；如果高位放量，则是换庄或者出货、减仓的可能性大。如果是换庄，那么新庄家肯定还要大幅拉升股价，那么持股待涨是可以的。当然，如果庄家实力足够，那么就可能在高位接盘后，趁势迅猛拉升。所以，高位换庄的股是可以持有或买入的。如果是出货或减仓，则个股下行的概率大，这时持有或者买进面临的风险将会非常大。

大富科技（股票代码：300134）在经过近一个月的高位下行盘整后，2014年12月26日突然以打涨停板的方式突破前高，放出近10倍于前几个交易日的日交易量，随后股价一路下行（如图6-14所示）。

庄家利用成交量制造的陷阱，在高位横盘后，它知道继续上行压力很大，会付出很大的成本，却不一定能获得高的利益，于是想兑现筹码获利。但此时投资者对这种高位横盘的股票，都是怀有警惕性的，一般都在观望，是突破向上，还是就此向下，于是庄家就利用对敲做盘，用强势涨停板，造成该股有效突破，再次走强的假象，从而促使投资者跟进买入，造成买进即被套的结果。

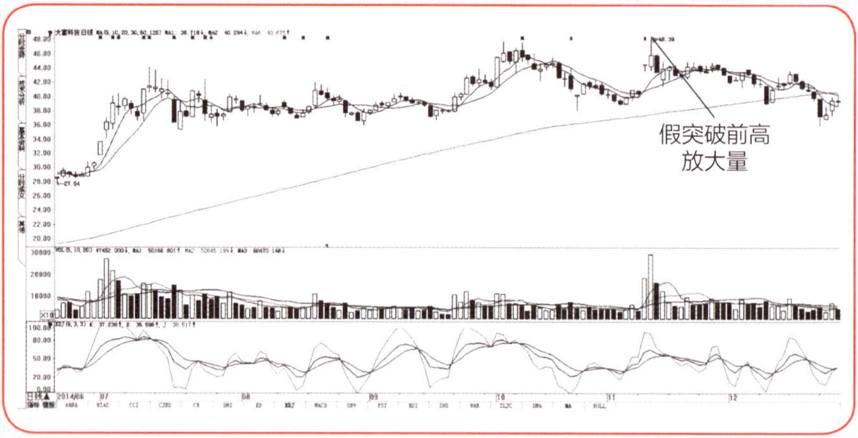

图6-14　2014年3月—2015年1月大富科技K线图

庄家对敲的手法一般可以分为两种：一种是使用两条交易跑道的同时，对一只股票发出买卖指令，价位与数量大致相同，这时庄家不预先挂单，因此盯盘时就会发现委托盘中的买单、卖单的量都很小，而成交盘中却冒出大笔的成交；另一种是庄家事先在委托盘中挂出一笔大的买单，然后一路打压，迅速吃掉预埋的委托单，从而造成虚假的成交量。

判别庄家对敲，最直接的表现就是成交量的增加，这种放量一般缺乏连贯性，价量配合也不自然，投资者可以通过以下方法来参考如何甄别：

（1）实时盘中成交量一直不活跃，突然出现大笔成交，有时一笔，有时几笔，但随后成交量又回归不活跃，这种突发的零星的大笔成交，一般为庄家的对敲单；

（2）在邻近的买盘、卖盘上，没有大笔的挂单，但突然出现大手笔成交，一般为庄家的对敲盘；

（3）股价无故大幅波动，但随即又恢复正常。如股价被一笔大单推高几角钱，但马上又被打回原形，K线图上留下较长的上影线，这种情况也多为庄家对敲；

2014年6月23日，丹邦科技（股票代码：002618）的K线图上就出现了一根带有较长上影线的阳线。通常这种现象都是由于庄家使用了对敲的手法，造成股价上升的假象来蒙蔽散户。从该股6月23日的分时走势图上可以看到，该股股价在开盘后被迅速拉起，但并没有明显的大买盘出现。随后股价在迅速回落后开始了较为稳定的走势。这一系列的现象表明，庄家在使用对敲手法的可能性非常大，如果股民朋友不够细心、警惕，最后不得不承受本可以避免的一些损失（如图6-15、图6-16所示）。

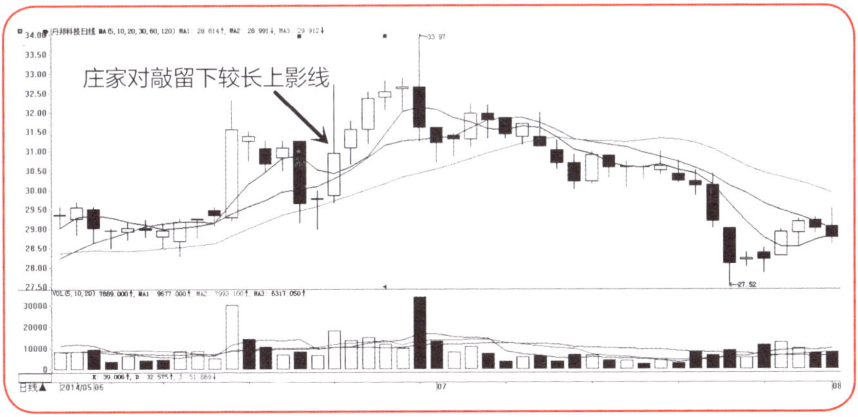

图6-15 2014年6—7月丹邦科技K线图

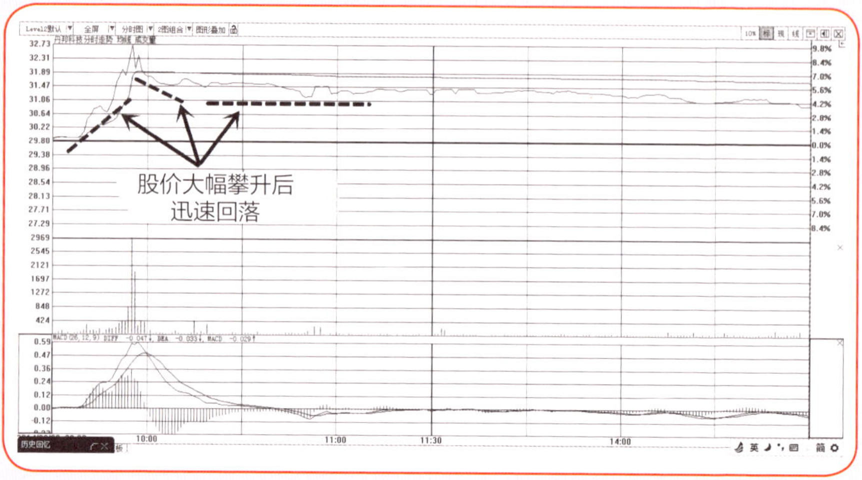

图6-16　2014年6月23日丹邦科技分时走势图

（4）整日盘中呈弱势震荡，买卖盘的挂单都小，尾盘突然大手笔成交拉升；

（5）股价突然放量上攻，几乎没有回档，股价线一路攀升，拉出一条斜线，这明显有人为控制的痕迹，往往是庄家对敲推高股价，伺机出货，这种走势一般到尾盘跳水；

（6）当股价急跌，大笔成交成排山倒海之势，这是庄家为洗盘，制造恐怖气氛，是庄家的对敲盘；

（7）当卖单各档挂单都是小单，突然出现大单扫货，但股价却没有明显地拉升，这也是庄家的对敲行为；

（8）从成交单上看，如果单笔手数较大，且是整数，100手、500手等，多为庄家对敲，且操盘手往往是同一个人；

（9）上一交易日，并不活跃的股票，开盘突然放量高开，也很有可能是庄家对敲所为；

（10）刚启动个股的升幅不大，单个交易日突然大笔成交，放量低开，且跌幅较大，这也很有可能是庄家对敲洗盘；

（11）短期成交量成倍放大，而股价涨幅有限，也是庄家对敲所为。另外，个股升势较快，但连续放大量，造成量价齐升之现象，也多是庄家对敲所为；

（12）当不同区间的均价、均量相差较远时，要小心庄家对敲，小心风险。

分析对敲盘需要长时间的观察和耐心，需要结合个股的价位和大盘情况以及外界消息等情况综合分析。一旦学会观察和把握对敲盘，就掌握了庄家命门的位置，只要有足够的耐心就一定能有所收获。

当出现突然放量的时候，股民朋友可以参考以下策略：

（1）如果是在底部突然放量，那么很可能是行情开始的信号，股民朋友可以大胆建仓；

（2）如果在高位突然放量，那么很可能是在一点点地构造顶部，股民朋友应该准备随时出货；

（3）放量的同时，股价也在随之暴涨，这时股民朋友可以考虑适当买进，但是要防止庄家逃走；如果股价跟着大跌，则要及时逃离；

（4）如果发现庄家是在通过对敲的手法制造成交量，股民朋友就要十分谨慎了。

第五节　突然缩量的应对策略

突然缩量是一种很值得投资者重视的技术指标变化情况，它对处于各个不同发展阶段中的个股发展趋势有重要的指导预示意义。对于突然缩量的情况可以从以下几个方面进行分析：

1.突然缩量下跌

投资者几乎有一种共识，放量下跌是一种危险信号，而缩量下跌只是止跌或者洗盘的信号，股价在缩量下跌后还会上涨。其实这是一种错误的想法，缩量下跌隐含的危险往往更大。

高位放量下跌，再放巨量大跌，在出现强力反弹后随即缩量阴跌或缩量横盘，投资者以为这是庄家在托盘，行情还会继续，可以继续持股等待。但这种情况下，庄家也许已经没有力量拉升了，无法顺利地出货甚至是资金链已经断裂，这是一种危险；另外，这种缩量阴跌和横盘，往往是下行的第一层，下跌无止境，是很有可能的。

因此，对大震荡之后的缩量阴跌的股票要保持高度的警觉。这些股票往往会跌到让持有者绝望、欲买者失望、最终被人彻底忘记的程度。

2014年3月27日，万顺股份（股票代码：300057）收出大阴线，随后的两个交易日接连收阴，并且成交量也随着缩减。从图6-17中不难看出，这样突然性的缩量下跌几乎成为该股大幅下跌的起始信号，随后短短一个月的时间就下跌了30%多，如果有股民朋友以为这种缩量下跌只是庄家的洗盘信号，不幸乘坐上这辆已经停高点的过山车，那么这段下跌过程可以算得上一段苦不堪言的体验了。

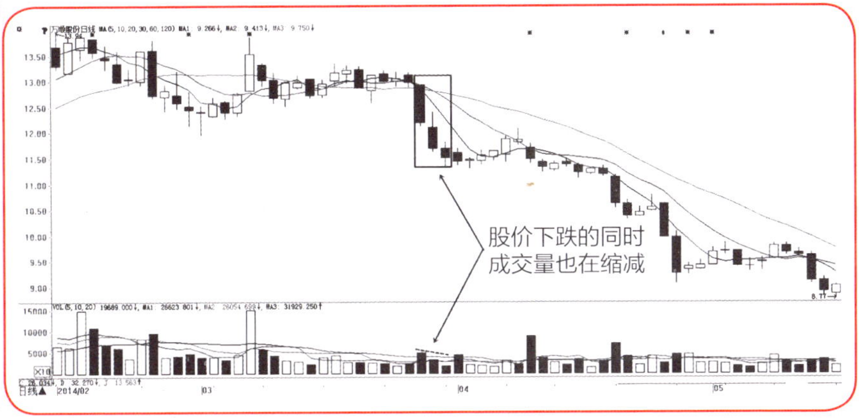

图6-17　2014年2—5月万顺股份K线图

一般情况下，股价在下跌的过程中出现缩量是比较正常的情况，产生这种现象的原因：一是没有接盘，想抛抛不出去；二是惜售情绪比较严重，没有人想割肉。实际上股市投资中往往都会出现缩量阴跌后天天都跌的现象，只有在出现恐慌性抛盘之后，再次放量时才会有所稳定的态势。其实放量下跌说明抛盘并且接盘也同样大，是一种好的现象，尤其是在下跌的末期，这种现象表明有人开始抢反弹。

2.突然缩量上涨

市场上有一种共识，认为股价的上涨必须有量配合才能完成，如果价增量涨，那就表示上涨的动力非常强，说明股价会继续上涨；反之，如果出现缩量上涨，那就表示量价配合不理想，说明股价很难再持续上升或者上升空间不大。

但这种现象并不是绝对的，具体情况要具体分析。较为典型的现象是上涨的初期需要价量配合，但是上涨一段之后就不同了，主力控盘个股的股价往往是越上涨成交量越萎缩，一直持续到再次放量上涨或高位放量滞涨时反而预示着庄家要出货了。

从东宝生物（股票代码：300239）2014年5—12月的K线图上可以看到，该股在庄家的操控下，上涨的初期几乎不需要成交量的配合股价就可以上涨，而经过一段时间的洗盘后，庄家基本已经洗清盘面，于是便进入了拉升股价的阶段，在庄家拉升股价的这一段时期可以看到，股价上涨的同时，成交量发生了短时明显的萎缩现象，随后开始增加。这就很可能会被股民误判为股价还有一定的上涨空间，庄家派发多少就有跟风股民接多少，从后市的图像就可以想象到当时跟风股民知道了后市发展情况会是一种怎么样的表情（如图6-18所示）。

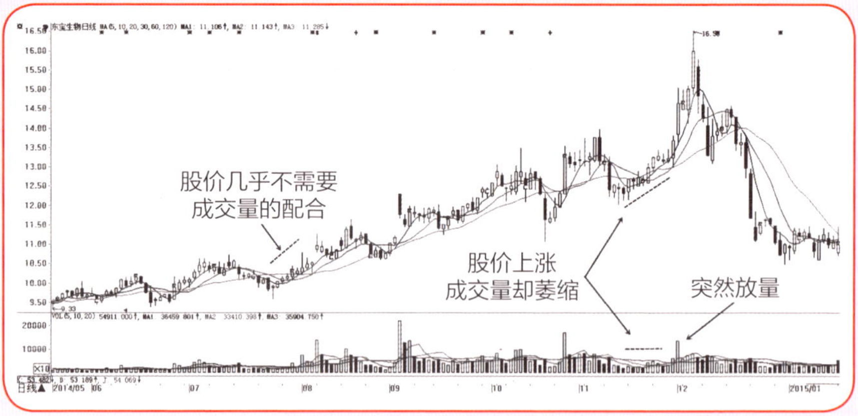

图6-18　2014年5—12月东宝生物K线图

总之，不管是缩量空涨或者缩量阴跌，往往都代表了一种趋势，只要成交量萎缩的特征不变，行情的性质往往也会接着伸展，但是如果成交量突然之间发生了大幅变化，那么以前所有判断行情的基础条件，比如技术面、基本面、市场热点结构等就必须重新审视，绝对不能因为懒惰而继续使用之前的判断来定势。比如无量空涨之后，再一次放巨量飙升或者突然震荡放巨量下跌；比如缩量阴跌之后，濡染低位放巨量震荡。

行情必须以新的起点重新判断，很可能一段行情从新的起点开始后性质会发生改变，很可能行情已经涨过头或者跌过头。一般情况下，行情在长时间的缩量阴跌之后，第一次放量往往很难扭转颓废的态势，并且这种成交量往往也仅仅是在成交量图上显示出的一根长长的红柱，只是相对前期成交量放大了而已，绝对成交量巨变并没有发生，行情还有反复；但是如果反复震荡，不断放量，行情在低位持续比较长的时间，则要将成交量累积起来看。不管上行突破还是下行突破，股民朋友都要对其提高关注度。

股民朋友需要注意，当成交量趋势不变时，行情趋势很有可能延伸；成交量改变时，行情需要重新判断。这不仅是一个研究缩量个股趋势的重要依据，也是研究放量个股的重要前提。

第七章
短线跟庄实用技法

成功的短线跟庄是坐上庄家抬的轿子，而不是充当庄家的轿夫。如果能够充分运用自己的智慧，与庄家斗智斗勇，懂得巧妙地与庄家周旋，掌握短线跟庄的技巧，就能够轻松坐上庄家的轿子，从而达到让庄家带你赚钱的目的。

第一节　紧盯盘口，伺机而动

有经验的投资者在看到每一根K线时，都像读一部人生史，从中可以看出庄家的喜怒哀乐，看到操盘手的实力、智慧、经验、野心、胜利或失败，甚至绝望和挣扎。而看盘口，则可以看到庄家现时的意图，告诉你庄家想要干什么。对散户来说，可以从以下几个方面来把握盘口的变化：

1.平均每笔成交量

这是庄家无法掩盖的盘口数据。庄家可以利用股价的走势来对技术指标进行“绘制”，但是由于庄家手持筹码多、资金量大，所以一旦运作起来声势就不会太小。平均每笔成交量突然放大，肯定有庄家在行动，至于庄家运动的方向究竟是怎么样的，还需要结合其他的情况来具体分析：

（1）庄家建仓时，连续大手笔地吃进某只股票，平均每笔会不断呈现较大值，一般在700~1 500手。

（2）庄家高度控盘的股票，由于浮筹较少，平均每笔成交也必然经常呈现较大值，一般在1 000手以上。很多庄家喜欢在拉升一段后整理较长时间，这段时间内，成交量极度萎缩，尾市常常出现拉升护盘动作。结合平均每笔成交分析，可跟踪庄家的行踪。

（3）庄家出货的股票，由于大单子甩下来，砸在众多散户手里，分成多笔成交，其平均每笔成交随着庄家出货的进程必然呈现越来越小的状态。最后，庄家出货完毕，股价随波逐流，呈现散户行情。

2.盘中挂单的变化

在买盘或卖盘中挂出巨量的买单或卖单，纯粹是庄家引导股价朝某个方向走的一种方法。其目的一旦达到，挂单就撤销。

大量的委卖盘挂单，俗称上压板。大量的委买盘挂单，俗称下托板。无论上压或下托，其目的都是操纵股价、诱人跟风，股票处于不同价区时，其作用是不同的。

当股价处于刚启动不久的中低价区时，主动性买盘较多，盘中出现下托板，往往体现了庄家做多的意图，此时可考虑介入跟庄，如果出现了下压板股价却不跌反涨，庄家压盘吸货的可能性偏大，往往是股价大幅上涨的先兆。

2015年3月10日上午10点31分，华昌达（股票代码：300278）突然被砸下一笔大额委卖单，通常在这样的下压单的压力下，股价都会停止上涨，但是从图7-1中可以看出，在下压单出现后，股价只维持了极短时间的小幅下跌，就开始了一段时间的疯狂上涨。

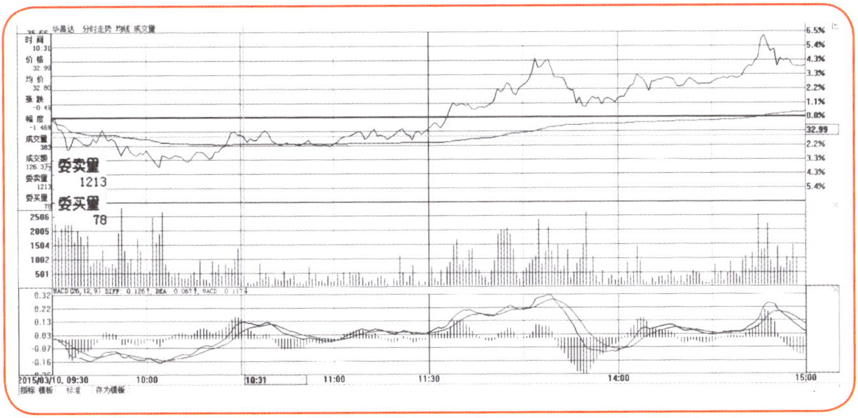

图7-1　2015年3月10日华昌达分时走势图

当股价升幅已大，且处于高价区时，盘中如果出现下托板，但走势却是量增价滞，此时要小心庄家是否在诱多出货；如果此时上压板较多，且上涨无量时，则预示着顶部即将出现，股价将跌。

3.内外盘变化

内盘是以买盘价成交的成交量，也就是卖方的成交量。如有投资者卖出股票100手，并希望马上成交，可以按“买一”位置的价格卖出股票100手，便可以尽快成交。这种以低价位叫买价成交的股票成交量计为内盘，也就是主动性抛盘，反映了投资者卖出股票的决心。

如果投资者对后市不看好，为保证卖出股票一定成交，抢在别人前面卖出股票，可以“买三”位置的价格或者更低的价格报单卖出股票。这些报单都应计入内盘，因此内盘的积累数越大（和外盘相比）说明主动性抛盘越多，投资者不看好后市，所以股票继续下跌的可能性越大。

外盘是以卖盘价成交的成交量，也就是买方的成交量。如有投资者想买入股票100手，并保证成交，可以按“卖一”的价格报单，买入100手，即可以马上成交。这种以高价位叫卖成交的股票成交量计为外盘，也就是主动性买单。

如投资者对后市看好，买不着股票，可以“卖二”“卖三”，甚至更高的价格报单，买入股票。这种主动出高价以叫卖价成交的成交量，反映了投资者主动买入股票的决心，因此，通常外盘的累积量越大（和内盘比），说明主动性买盘越多，投资者看好后市，所以股票继续上涨的可能性增大。

庄家只要进出，是很难逃脱内外盘盘口的。虽然庄家往往会以对敲盘暂时迷惑人，但大量筹码的进出，必然会从内盘中流露出端倪。

通过外盘、内盘数量的大小和比例，散户通常可能发现主动性的买盘多，还是主动性的抛盘多，并在很多时候发现庄家动向。具体可以分为以下几点：

（1）在股价阴跌过程中，时常会出现外盘大、内盘小的情况，此种情况并不表明股价一定会上涨。因为有些时候庄家用几笔抛单将股价打至较低位置，然后在“卖一”“卖二”位置挂卖单，并自己买自己的单，造成股价暂时横盘或小幅上升，此时的外盘将明显大于内盘，使投资者认为庄家在吃货，而纷纷买入，结果次日股价继续下跌。

（2）在股价上涨过程中，时常会发现内盘大、外盘小的情况，此种情况并不表明股价一定会下跌。因为有些时候庄家用几笔买单将股价拉至一个相对的高位，然后在股价小跌后，在“买一”“买二”挂买单，一些散户认为股价会下跌，纷纷以叫买价卖出股票，但庄家分步挂单，将抛单通通接走。这种先拉高，再低位挂买单的手法，常常会显示内盘大、外盘小，达到欺骗投资者的目的，待接足筹码后，庄家会迅速极度推高股价。

（3）股价已有了较大的涨幅，如果某日外盘大量增加，但股价却不跌，投资者要警惕庄家制造假象，假打压真吃货。

但有一点散户要注意，就是在使用外盘和内盘时，要注意结合股价在低位、中位和高位的成交情况以及该股的总成交量情况。因为外盘、内盘的数量并不是在所有时间都有效，在许多时候外盘大，股价并不一定上涨；内盘大，股价也不一定下跌。

通过以上分析，我们可以将盘口语言做如下总结：

（1）上有盖板，而出现大量隐性外盘，股价不跌，为大幅上涨的先兆；

（2）下有托板，而出现大量隐性内盘，为庄家出货迹象；

（3）外盘大于内盘，股价不上涨，警惕庄家出货迹象；

（4）内盘大于外盘，价跌量增，连续第二个交易日，是散户最后一次出货的机会；

（5）内、外盘都较小，股价轻微上涨，是庄家锁定筹码，轻轻托着股价上涨的时候；

（6）外盘大于内盘，股价仍上升，可适当看涨；

（7）内盘大于外盘，股价不跌或反有微升，可能有庄家进场。

第二节　底部放量后跟随进场

股市中有一句话经常被人们提及，即成交量不会骗人。庄家在建仓、拉升、出货等阶段，可以采用各种各样的技术指标变化来欺骗股民，但是不管指标如何变换花样，成交量总是会透露出庄家的意图。因为一只股票想上涨，必须要有大量的买盘积极介入，买的人多了，股价自然随之上涨，而大量买盘的介入就会直接导致成交量发生明显的变化。所以，股价一旦上涨，或者说股价想上涨就必须有成交量的配合。如果股民朋友理解这种特征，并紧紧跟上庄家的步伐，那么自然可以获得丰厚的利润。这样操作时，股民朋友要掌握以下三个基本原则：

（1）一只股票如果在底部长期横盘3个月或者半年左右后，成交量在某一天突然放大，这是进场良机，因为这是庄家要采取行动的信号；

（2）如果股价在底部放量甚至震荡时，要敢于购入，耐心持股；

（3）如果股价大幅拉升，成交量放大受阻，甚至股价破位，那么就必须立即出逃，万万不能抱有幻想，持股逗留。

世纪鼎利（股票代码：300050），经过近三年2010年8月—2013年7月的横盘整理，于2013年7月15日，跳空低开，然后逐步拉起大阳线，且放出比前几日高出几倍的量，此时，投资者可果断跟进。

自这日开始，该股一路上涨，涨至2013年的10月11日，最高涨至16.87元。从9.10元涨至16.87元，用了不到4个月的时间上涨了70%，这个投资收益是十分可观的（如图7–2所示）。

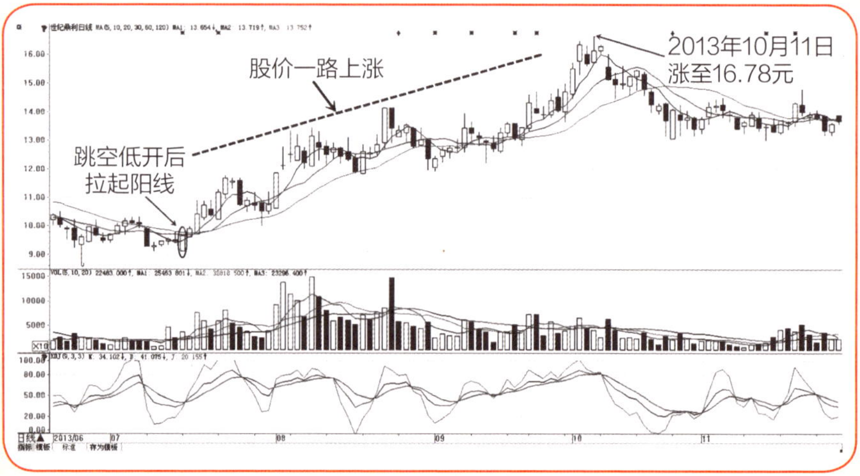

图7–2　2013年7—11月世纪鼎利K线图

东方财富（股票代码：300059）就是一个比较失败的案例。该股于2012年4月6日在底部放量起涨，但于2012年6月7日跌破起涨点，此时投资者应该果断保本卖出。此后，该股经过8个月的不断下行，至2012年12月4日，从起涨的3.66元跌至最低点1.99元。投资者不但损失资金时间，还亏损了近一半本金（如图7–3所示）。

图7-3　2012年4—11月东方财富K线图

在股市中，买进在底部放量的股票是一种非常安全的投资策略。底部放量往往是庄家拉升的前奏。也许在底部刚刚放量后的短期内这类股票算不上什么强势股，但是当股价从底部一路上升到一定的高度后，自然而然地就成为市场中的强势股。如果股民朋友早就在底部时购入了这类股票，那么就相当于已经走过了获利道路的一大半。

在个股底部放量后进场，对于股民朋友们来说有以下三大优点：

1.降低了被套牢的风险

底部放量往往是股价将要向上运行的启动标志，即使放量后股价再一次回调，其空间也是非常有限的，股民朋友不必过多考虑会不会被套牢的问题，纵然被套住，那被套的时间和空间也十分有限的。

2.将赚取利润的空间扩大

由于是在底部购入的股票，因此股民朋友不必担心股价上升过程中的回档，大胆持仓，将股票持有到庄家最后快速拉升时派发出去。

当然，如果股民朋友的技术水平够高的话，还可以进行波段操作，在上升的过程中采取高抛低收的方法来规避回调风向，进一步地扩大自己的获利空间。

3.免受股价长时间盘整之苦

当一些股票进入底部区域之后股民就如同置于牢笼一般。但是如果股民是在底部放量时购入股票，就会轮到庄家寂寞难耐了，因为每一个庄家持有大量筹码，他们希望能够在股市中快速套利，那么盘整的时间也就会变得相对有限。

股市中有涨必然有跌，“与庄共舞”绝不意味着没完没了地一直跳下去。因此，股民朋友成功地在底部跟上庄家的脚步后，还要比庄家提前一步撤出“舞池”，只有这样才能确保利益能够达到最大化。

第三节　瞄准庄家的破绽快速买进

没有完美的人，也没有完美的庄家。因此，只要庄家在操盘时进行资金的运作，就会暴露出一些极小的破绽。股民朋友只要能抓住庄家的破绽，就能成功地跟庄，顺利地坐上庄家抬的轿子。

其实，股民朋友之所以要学习跟庄的技术，就是为了锻炼出寻找庄家破绽的能力，以及找到庄家的破绽后自己如何快速、准确地做出决策的能力。庄家的弱点或者破绽体现的时间极短，因此较难捕捉，况且在散户寻找庄家破绽的同时庄家也在寻找散户的破绽，并且能够迅速地进行相应的操盘行为，使自己占绝对上风。因此，分析技术在实战中的运用并非部分散户想象得的那么简单，它对使用者各方面都提出了极高的要求，散户只有尽量减少自己的破绽，并且多去细心地观察庄家的破绽，并且及时捕捉到，才能在股市投资中一直获取胜利的果实。

庄家想要坐庄，就需要使用大笔的资金介入，而一旦大笔资金介入盘中运作就一定会留下一些破绽，操盘手有时不自觉操盘习惯也会留下一些破绽，这些破绽主要有以下几点：

（1）庄家想拉升股价，就必须吸收大量的筹码，因此建仓非常重要。但是庄家也怕在建仓时别人跟风，因此经常会在盘口做出阴线，造成股价下跌的假象，但股价重心却一直在向上运行。

（2）庄家花费大量力气拉升股价，就是为了能获取更多的利益，因此它当然不想散户跟着自己一起出货。出于这种目的，庄家经常会在出货的时候做出阳线，造成股价依旧在上涨的假象，但实质上，股价的重心一直在下跌。

金圆股份（股票代码：000546）在2012年2—10月就出现了上述现象。介入其中的庄家在出货时，依旧在给散户们描绘漂亮的K线，经常做出阳线甚至是连续阳线，但从整体K线走势上可以看出，其重心在持续向下移动（如图7-4所示）。

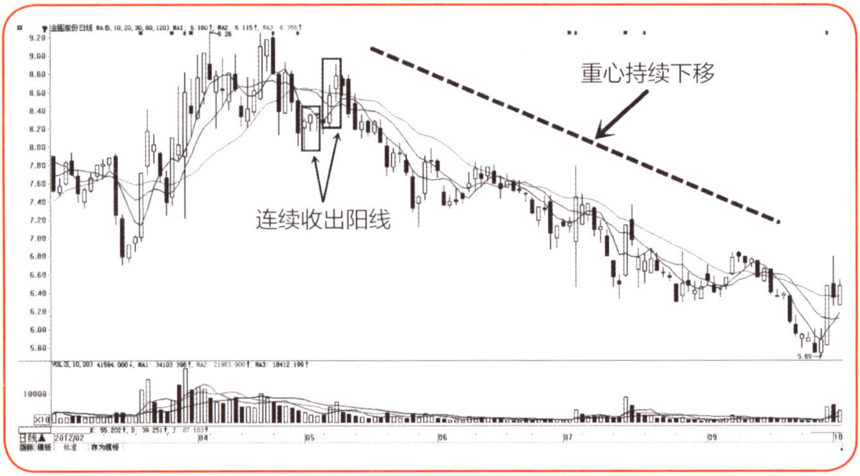

图7-4　2012年2—10月金圆股份K线图

（3）庄家在洗盘的时候不想在低位丢失很多筹码，所以洗盘时重心下移的幅度要么不大，要么非常大。这两种情况都有一个共同的特点，就是持续时间很短。

（4）庄家对敲，造成盘面交投活跃之景象，但由于是自买自卖，庄家的价位也不敢挂太高，因此，量大涨幅却不大，这是庄家为了便于后期派发，而在有意吸引买盘。

（5）庄家想洗出持股者，往往会对敲，形成盘中大震荡，收出十字星、倒T、乌云线、流星线等K线形态，但股价重心却没有明显下行。

2013年6—11月，介入万家乐（股票代码：000533）的庄家就在其K线图上留下了比较明显的痕迹。庄家想洗出盘中不坚定的持股者，就必须要先打击他们的信心，让他们错误地看空后市。因此，庄家采用了接连收出十字星和大小幅震荡交替出现的方式。从图7-5中可以看到，2013年8—10月，股价虽有大幅的反复震荡，但其重心却一直保持上移态势。这时如果股民没有坚定持股，就会错失一次收益良机，这正是庄家投掷烟幕弹的最终目的。但如果股民能够擦亮双眼，庄家的伎俩恰恰就会成为其破绽所在。

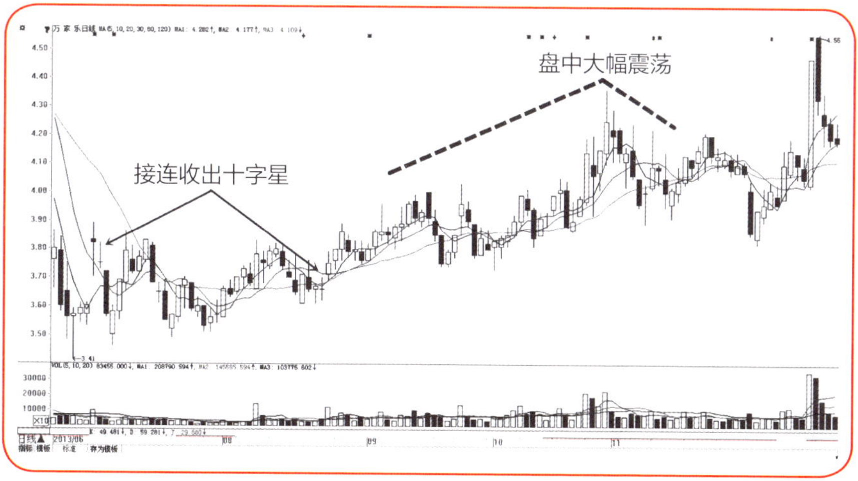

图7-5　2013年7—11月万家乐K线图

（6）由于庄家建仓后会在底部大量收集筹码，盘口就会变得很轻，因此即使创了新高也不会出现放量。

（7）股价急速大跌后又很快地回升到前段时间的高位置，这样会增加庄家的成本。如果出现了这种情况，庄家既然花费了成本就会要求更大的回报，所以其还会继续坐庄。

庄家露出的破绽具有偶然性和短时性，是庄家被逼无奈或者不小心留下的，因此并没有一种办法可以完全准确地预知庄家露出破绽的时间点，因此，对于股民朋友来说，把握住庄家露出破绽的时间点就把握住了买卖决定的时刻。当这个“点”出现时，只要果断、迅速出手，就能制服庄家，所以股民朋友要时刻保持警惕，不要让稍纵即逝的机会从手中溜走。

第四节　不抢庄家出货时的反弹

通常来说，庄家出货时的反弹是为了能顺利地将手中的货处理出去所故意制造市场跟风买潮的损人利己的招式。尤其是对高度控盘的庄股，股民更不要轻易地抢反弹。这一类的庄家不管是不是经历过了深度的回调，都不是合适的抢反目标，因为控盘庄股经过长期的运作后，庄家的成本比较低廉，即使发生大幅跳水的情况，庄家依旧有足够的获利空间，而散户则需要冒引火上身的风险。

福星晓程（股票代码：300139）在2014年4月28日，以每股21.50元的股价见底起涨至2014年11月10日见顶71.00元，随后股价便开始小幅下跌，当下跌到63.2元时，开始反弹。股价随后虽然有一段短时间的横盘企稳，但之后又开始了大幅下跌。由于反弹幅度较小，股民朋友即使介入其中也很难获利。至2015年1月6日，已经跌至39.34元。两个月的时间，下跌55.40%，持股者损失惨重（如图7–6所示）。

在庄家出货期抢反弹，一般来讲是不应考虑的。因为回报比系数很难看，为了赚1元，冒着赔10元的风险，是违反操作纪律和回报比的最低要求的。

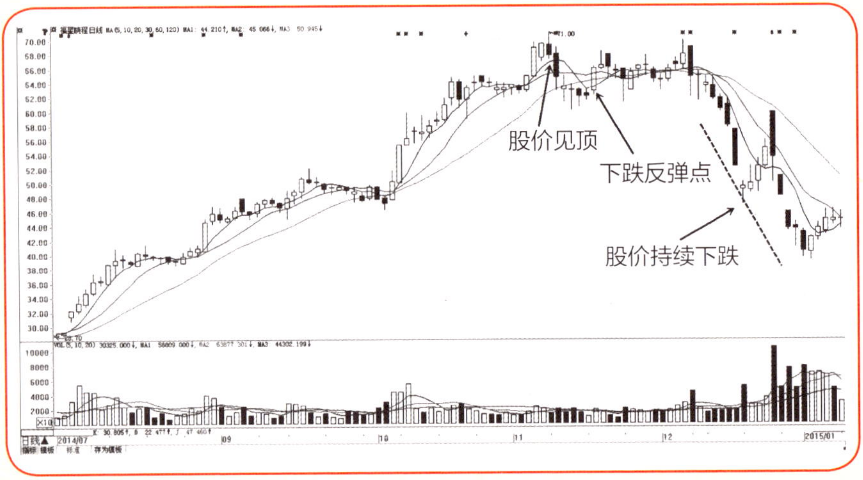

图7-6　2013年12月—2015年2月福星晓程K线图

指望靠抢反弹赚钱来弥补以前的损失是一种非常危险的行为。股民朋友一定要谨记：在股市中绝不轻易抢反弹；如果炒股的水平比较高，可以用少量的资金快进快出，如果在这过程中不幸被套牢，那么就需要第一时间斩仓止损，这是炒股时铁一般的纪律；绝对不能对该股抱有上涨或者大幅上涨的幻想，以此为因继续持有或者逢低买入；经常抢反弹会养成一种不注意操盘质量的坏习惯，这种习惯很可能会导致股民朋友在今后的股市中盲目、随意地操作，永远停留在炒股菜鸟的水平。

如果投资者实在是忍不住诱惑，想冲进去搏一把，那么可以参考以下几点来提高成功的概率：

1.以小仓位介入

小仓位虽然代表着盈利不会很高，但是却赋予股民更好的机动性，遇到突发情况或者行情急速转变的时候，能够更轻松地操作，即使最后亏损也不会对大局产生较大的影响。

2.坚守止损位

头天抢进去，过了两三天没有实质性的反弹行情，就必须立即割肉出局，否则只会越套越深。

3.切不可贪心

如果抢进去，第二天即使是微利，也必须及时了结，不贪求、恋战。既然是赌一次，那么侥幸获利后，绝对不能继续贪心。

庄家出货时打压股票，即使回调很深，庄家也还是获利的。因为他的筹码成本很低，有的就干脆剩一些利润股了，作为局外人的投资者，根本不知道该股会跌到哪里，这样的买入持股是危险的，将要面临的损失是巨大的。

凭借运气赌博时，一定要把握好自己的度。既然是凭借运气，就不是真正的赚钱本领。一两次的好运气，并不代表一直都会有好运气，因此，绝对不能太过贪心，只有做到见好就收，才能真正地将钱装进自己的口袋中。

第五节　及时卖出是跟庄关键

短线跟庄，说复杂很复杂，说简单也简单。其实可以将短线跟庄的全过程归纳为：

（1）在庄家建仓吸筹时买入；

（2）在庄家洗盘时坚定持股；

（3）在庄家拉升股价时忍耐；

（4）在庄家出货前卖出。

以上四点中，最重要也是最关键的是第四点，即便你的买入价再低，即便你的盈利空间再大，只要你没有及时出逃，落袋为安，那你的盈利始终都是纸上富贵，稍不留心甚至还有可能被庄家高位套牢，损失本金。

有许多投资者经常会说，买股票是享受上上下下的激情。这其实是在自嘲在跟庄的过程中，没有把握住时机，与庄家一起撤退或者说没有成功逃顶，之后手中的持股就又快速跌回原点，甚至是跌倒成本之下，最后落得空欢喜一场。

俗话说：会买的是徒弟，会卖的才是师傅。只有在跟庄时能够把握正确的时机，及时撤出才是真正成功的短线跟庄。那么，如何在跟庄时选择卖出股票的时机呢？

1.通过均线确认

当一只股票处于上升后期的时候，就要时刻注意5日均线的变化了，因为这时变盘非常容易发生。其实，一般当5日均线下穿10日均线就是一个很好的卖出信号；倘若5日均线再一次下穿了10日均线，说明上升的趋势已经被破坏，这是相对一般的卖出信号；当5日均线下穿30日均线的时候，之前的形态基本上可以被认为是顶部，此时应该等待反弹及时出货。

2.通过换手率确认

一只股票如果日换手率达到20%以上，或连续3日都达到10%以上，就需要小心庄家出货了。如果此时股价滞涨，没有大幅拉升，最好能够及时清仓。

司尔特（股票代码：002538）在2015年3月6日的日换手率为38.23%，由此可以大致判断出介入该股的庄家已经处在了出货阶段。从图7–7中可以看到3月5日、9日均出现了大额放量，更加证明了庄家的出货意图。这时还有持股的股民就应该提高警惕了，最好能够选择及时清仓，保住到手的收益（如图7–7所示）。

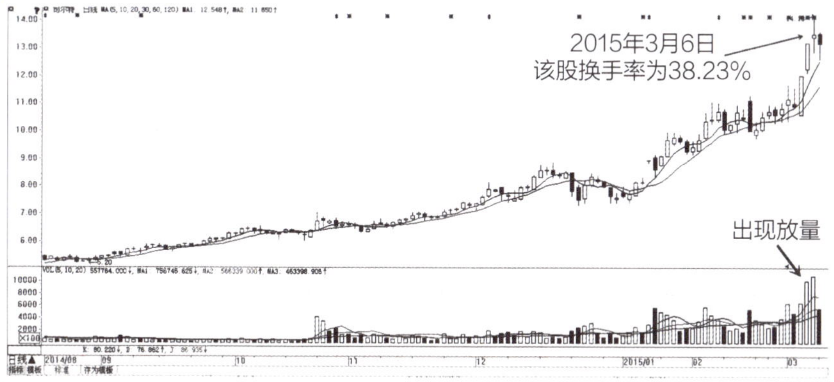

图7–7　2014年9月—2015年3月司尔特K线图

3.通过上升趋势确认

在股市中，虽然上升的斜率有所不同，但是都会有一条上升趋势线来支撑股价向上运行。然而，不管是多牛的个股，都会有反向变化的时候，一旦这条支撑股价向上运行的上升趋势线被跌破，并且在跌破前伴随着大额的成交量，说明这很有可能是一个顶部。

国农科技（股票代码：000004）在2014年9月18日完成一次跳空高开后，就进入了大幅震荡的阶段，到了2014年11月14日，该股庄家开始了快速拉升，股价于2014年11月25日见顶，上涨到24.25元。如果此时股民朋友由于些许贪念没有及时逃顶，从第二个交易日开始就有可能将前期积攒的利润全部拱手让出（如图7–8所示）。

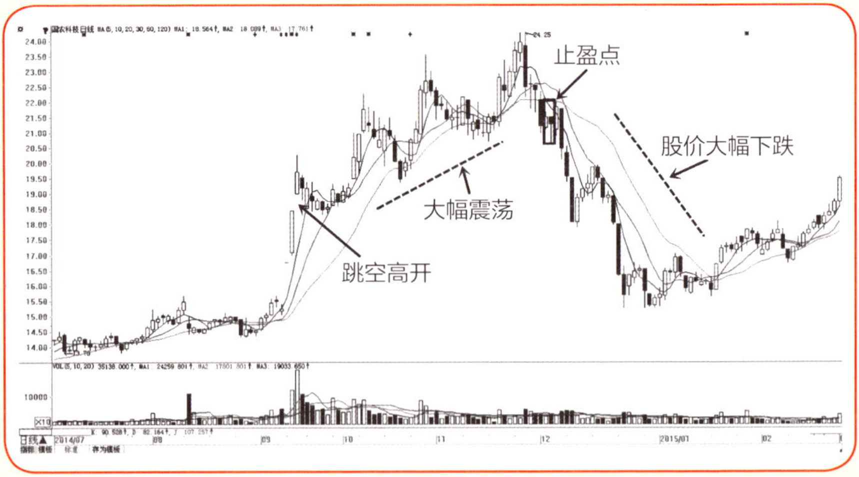

图7–8　2014年7月—2015年2月国农科技K线图

在股市中投资，股民朋友一旦确定个股已经到达顶部，就不能犹豫不决、恋战，应该及时出逃，以便能保障到手的利益不会又被庄家当成出逃的垫脚石。

第六节 几种应极力回避的庄股

跟对庄，并跟上庄就能赚到钱，这几乎是散户心中的“定理”。但是这种“定理”的一个很重要的前提就是跟对庄。并不是所有庄都能跟，有一些庄家，股民应该极力回避，尤其是跳水的庄股。因为在股市中，庄股一旦开始连续跳水，那么其跌幅就很可能是无底线的，投入其中的股民几乎没有出逃的机会，只能眼睁睁地看着自己手中持股的市值急速缩水。纵观股市，凡是持有跳水股的股民，不管是资金还是心理都遭受到了毁灭性的打击。所以股民有必要仔细研究这类庄股的共性，运用合理的投资策略和技巧，规避市场中的风险。

1.资金链断裂的庄股

一般跳水的庄股大多存在资金链断裂的问题，有很大比例的庄股跳水的根本原因就是资金链断裂。随着股市行情的恶化、宏观调控等原因，市场中的资金缩水，存量资金趋于紧张，部分庄股就会出现资金链断裂的问题。

2013年5月，泰亚股份（股票代码：002517）开始了上涨之路，股价一度从7.53元上涨到14.50元，上涨将近93%，但是交易量却十分清淡。随后该股进入近似横盘走势阶段。在2013年12月2日该股突然拉出一根长阴线，显示盘中的庄家已经因为资金的问题放弃了抵抗，即将反手做空，果然在12月3日该股跌停，并放出巨量，庄家以失败收场。如果股民朋友手持该股没有及时脱手，那么损失可想而知（如图7–9所示）。

图7–9 2013年4—12月泰亚股份K线图

2.涨幅巨大的庄股

一些庄股涨幅有时能达到200%甚至是更多，散户很容易被这种现象吸引，从而仓促进场。其实这种巨大的利润背后很可能隐藏着巨大的风险。庄家随时都有可能在任何一个价位兑现利润，尤其是小庄股，更是存在极大的不确定性。股民朋友应该注意规避这类个股，特别是要坚决规避巨幅上涨时还有各类利好消息传出的个股，因为这很可能就是庄家设置的一个圈套。

3.运作时间太长、交投冷清的庄股

庄家经过长期细致、烦琐的运作后，不能把握机会功成身退，说明这些庄家坐庄时使用的手段比较落后，很容易被识破。而且，长时间的坐庄不但要消耗大量时间，还要消耗大量的资金，一旦遭遇突发情况，那么跳水就会是必然的结果。

世纪星源（股票代码：000005）在2009年12月1日股价见顶后，逐级下行，至2013年6月25日见底。期间经过三年半的阴跌，盘面交易清淡、零星，股价在三年半中从高点的7.38元，跌至低点的2.05元，跌去72%，持股的投资者损失惨重（如图7-10所示）。

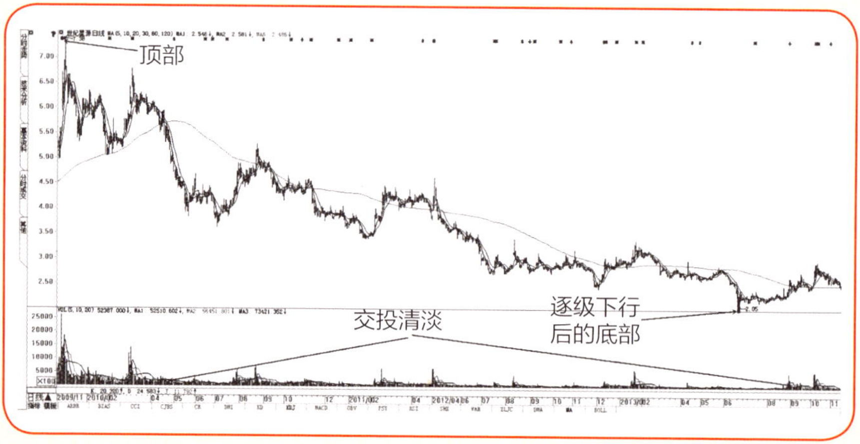

图7-10　2009年11月—2013年11月世纪星源K线图

股民朋友在进行股市投资时，如果发现某股具有跳水特征，就应该立即远离。一旦在投资过程中不小心身陷跳水的庄股，必须选择割肉出局，不应该再对其抱有任何的幻想，否则一次损失就可能把自己推向深渊。

第八章
跟庄失败的应对方法

在股市中，没有人敢保证自己的每次跟庄都能完美收官，失败总是在所难免。欲甜先苦，想要在股市中多胜、常胜的关键在于能够在失败时采取妥当的措施，避免失败带来的伤害不断地扩大，把损失降低到最低点，保留成功的火种。

第一节　弃庄不犹豫

有跟必有弃，一个明智的股民在必要的时候能够做到果断弃庄，不拖泥带水。庄家在出货的时候，股民也应该跟着出货，死守在顶部的结果往往会给自己带来损失。

在跟庄的过程中，发生意料之外的事情很正常，当这些事情发生时，散户就要在短时间内做出判断和选择，如果情况恶化到一定的程度，或者触碰到了设立的底线，那么就要坚决、果断地弃庄，不要抱有幻想、犹豫不决。

通常情况下，发生或者将要发生以下几种情况时，散户要把握最佳时机，果断弃庄。

1.利好消息出尽

股市中的信息存在一定的不对称性，庄家有时会利用手中掌握的信息来创造进货的条件，当进货完成或者即将完成时，开始推高股价。等到消息实现或者被证实的时候，就是庄家逢高派发的最佳时机，这种现象通常被形象地称为“见光死”。所以当股价连续上涨或者大幅上涨后，出现利好消息反而更容易形成头部。这便是散户弃庄的最好时机。

2013年，新华都（股票代码：002264）与阿里巴巴将开展战略合作的消息不胫而走，财务报表显示，2013年三季度新华都亏损达6 699万元，全年亏损2.36亿元。因此，对于新华都来说抱上阿里巴巴这条“大腿”绝对是一个非常重大的利好消息，但正是在这种利好消息的背后却隐藏着巨大的杀机。

从图8-1中可以看出，自2013年8月以来，新华都的股价在这种利好预计的影响下持续上涨，截至12月9日涨幅达到了84.3%。但到了12月10日这个利好消息被证实后，股价却急剧下跌，产生了典型的“见光死”现象。如果手持该股的股民在利好消息的影响下丧失了理智，那么很可能要为此付出巨大的代价。

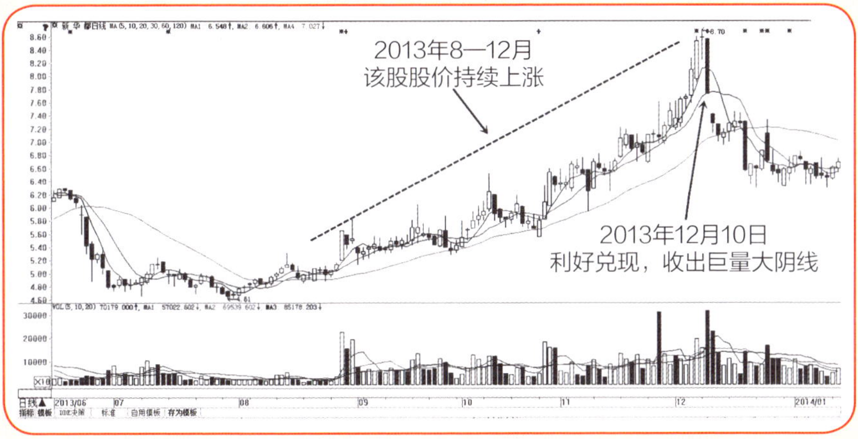

图8-1　2013年6月—2014年1月新华都K线图

2.股市进入疯狂状态

当以下现象出现时，说明股市已经进入一种疯狂的状态：

（1）当证券交易所的工作人员应接不暇，态度不好的时候；

（2）大型股评报告会人满为患的时候；

（3）当散户大厅新面孔居多的时候；

（4）当散户大厅人潮涌动，进出非常不方便的时候；

（5）当周围的人都在谈论挣到大钱的时候；

（6）当开户资金大幅提高后再次提高的时候；

通常股市进入疯狂状态，市场更容易形成顶部，这时候想要确保到手的筹码能够转变为实在的利益，就要做到激流勇退，果断弃庄。

3.国家政策突然发生变化

政策的调控对股市的影响不可谓不大，甚至在股票市场中，一些头部的形成都与政策息息相关。

自2013年下半年以来，北京、上海等一线城市陆续发布了新的房地产市场调控措施，一线城市房价上涨是调控政策频频出台的主要原因。在价格上涨过快的压力下，地方政府被迫出台新的政策来稳定市场预期。在这种政策的强大压力下的地产板块，日子自然并不好过，2013年8月—2014年1月，上证地产指数几乎一直滑行在下跌通道里。如果股民朋友在这段时间内没有果断弃庄，还对其抱有憧憬和幻想，那么带来的损失将会变得非常巨大（如图8-2所示）。

如果股民朋友想要成功地跟庄，就必须要了解、把握政策的动向，大量搜集政策的相关信息，并进行仔细的整合分析，通过对政策的深度解读，观察其中的细微变化，及时发现管理层的调控意图和方向，这样才能领先他人一步。

图8-2 2013年8月—2014年1月上证地产指数K线图

4.股票技术形态严重恶化

当技术形态存在以下几种情况时，股民朋友要果断选择弃庄来保证自己的利益。

（1）当长期上升趋势线被股价向下突破时，必须弃庄出局；

（2）MACD指标在高位形成死叉或者M头，红色柱状不能继续放大，并且逐渐缩短时，要立刻弃庄离场；

2014年3月7日，探路者（股票代码：300005）的MACD指标就在高位形成了死叉，并且成交量大幅萎缩。这是一种非常强烈的弃庄出逃的信号，如果股民没有把握这个离场时机，那么接下来要面对的就是股价的持续下跌。从该股的K线图中可以看出，这种下跌并不是非常急剧的大幅下跌，因此，股民还有补救的机会。如果股民连最后的机会都没有把握住，其结果必然是高位套牢（如图8-3所示）。

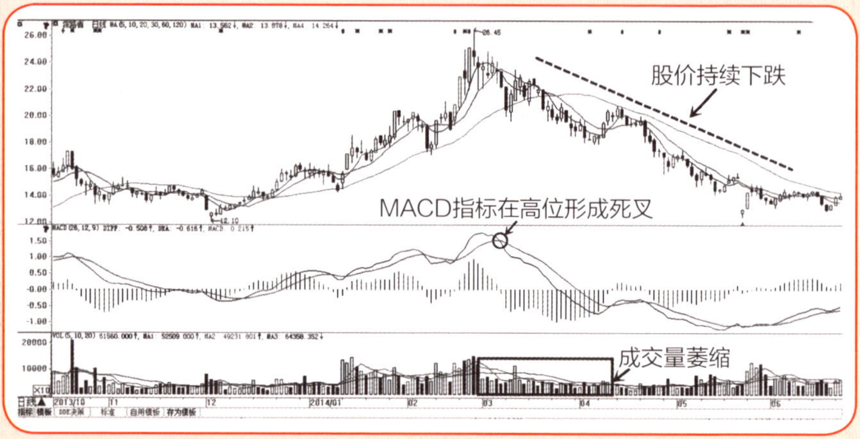

图8-3　2013年10月—2014年6月探路者K线图

（3）当股价已经经历数轮上升态势、大幅上涨时，如果5日移动平均线自上而下地穿过10日移动平均线形成死叉时，必须要及时弃庄离场。

2014年2月17日，在大禹节水（股票代码：300021）的K线图上就出现了5日移动平均线向下穿过10日移动平均线的情况。当这种现象发生后，该股股价开始持续下跌。由此可以看出，5日移动平均线自上而下地穿过10日移动平均线其实是一种危险信号，股民朋友在发现了这种信号后，应该果断弃庄离场，以免给自己带来不必要的损失（如图8-4所示）。

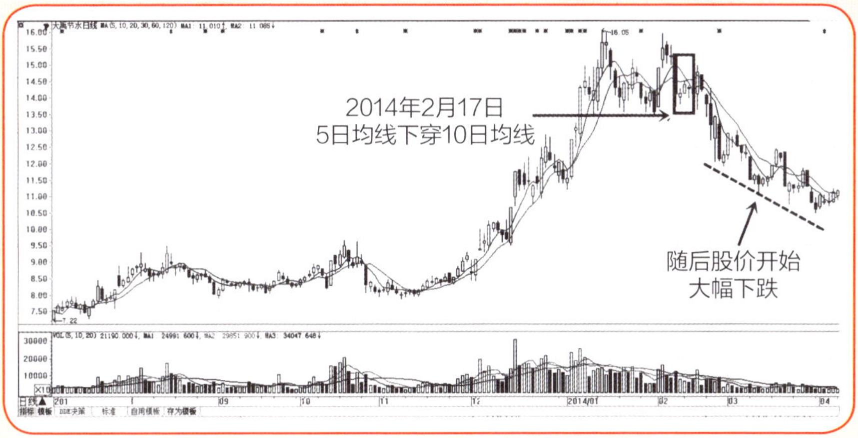

图8-4 2013年8月—2014年4月大禹节水K线图

（4）当K线图在高位出现头顶肩、圆弧顶、M头和倒V字形态时，都是非常明显的顶部信号，这时股民朋友应该及时弃庄出逃。

（5）在K线图上，如果在高位日K线出现穿头破脚、高位垂死十字、乌云盖顶等见顶信号时，就是应该及时弃庄的时候。

2014年3月24日，泰胜风能（股票代码：300129）收出一根阳线。第二个交易日该股立即收出一根阴线，并且以18.56元的开盘价超越了24日的最高价，形成了乌云盖顶的形态。对于股民朋友来说，在遇到这种形态后如果不能及时弃庄离场，那么到手的收益也会如同图8-5中的K线一样，一落千丈。

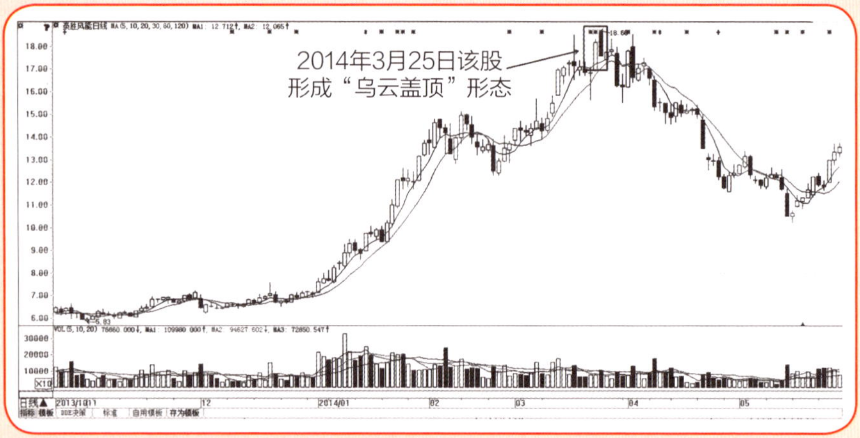

图8-5　2013年11月—2014年5月泰胜风能K线图

5.媒体、股评大肆吹捧某只庄股

除了关注以上几种情况外，股民朋友也应该重视收集媒体、股评的宣传报道。通常在市场低迷的时候，投资者往往不会过多关注成长性和相关公司业绩良好的公司报道。而当个股股价确实有了一定的上涨，或者大幅上涨的时候，配合的媒体报道随之增多，表面上可信度也就更强，散户的注意力也就会被吸引过去。此时，股民朋友如果盲目跟风，那么换来的很可能就是惨重的损失。因此，当遇见这种情况时，股民朋友应该提高警惕，股价处于高位时的大肆宣传，往往都是庄家出货前投下的烟幕弹，烟雾笼罩下的现实很可能就是大幅下跌。

果断弃庄说起来容易做起来难，这要求股民朋友能够在关键的时刻抑制贪婪，抵御诱惑。要在股市中顺利地套取利益，必要时果断弃庄是股民朋友必修的一课。

第二节 量力而行，不和庄家比套

庄家有着雄厚的资金实力、丰富的操作经验和优秀的团队，因此，当散户与庄家同时被套时，散户经常会安慰自己：“反正庄家还没有出局，我也不用着急。”散户总是认为，与庄家同时被套，只要安安稳稳地等庄家想办法就好，等庄家解套的时候，自己自然可以坐享其成，其实这种思想存在一定的误区。

股民跟着被套的庄家，一般存在一定的风险，甚至是很大的风险。在变幻莫测的股市中，庄家坐庄总是想用最快的速度实现盈利。因此，庄家被套不是其刻意打出的烟幕弹，就是遇到了非常棘手的问题，例如无法托盘、资金短缺、上市公司突发情况、证监会干预等。所以散户不能一概而论，庄家被套的原因是多方面的，有些情况可能会迫使庄家大幅甚至是全面地改变或中止其最初制订的计划。如果散户不知变通，那么结果只能是被套牢。

股民都希望“与庄共舞”，但一些股民过于高估自己的能力，在一些时候还要“与庄比套”。其实通常情况下，“与庄比套”带来亏损的概率是很大的，但是为什么在一些特殊环境下一些散户还是热衷于“与庄比套”呢？其原因大致可以总结为以下几点：

1.误以为庄家被套

一些庄家出于长远的战略性思考，往往在出货时不会将自己手中的全部筹码都套现，而是留下一部分筹码用来应对未来的行情。因此，这样的庄家虽然涉及该股，但是不会像手持大量筹码时一样奋力操控，相反还不能排除这种庄家利用手中筹码砸盘的可能性。其实这种庄家已经不能算作真正意义上的庄家了，而散户误以为庄家被套，还在放心持股，傻傻等待庄家付诸行动。

2.被动等待解救

散户会被套，庄家也是一样，但是庄家被套后显得更加主动，能够使用大量的资金来进行自救。而散户被套则是比较被动，少数肯静下心来的人，也需要等待一个好的时机来解套，不能静心等待好时机出现的人则是根本无法在套牢的深坑中进行自救。因此，散户想解套不但要提高解套技术，还要从被动走向主动。

3.被庄家日新月异的操盘手法蒙蔽

一些股票表面上看来庄家已经被套，实质上庄家早就满载而归，弃股而逃。散户在进步的同时庄家也在提升。虽然散户对技术指标的研究越来越透彻，对庄家的各种手法、方式也有进一步的了解，但是庄家也在不断地改变自己的手法和方式，提升反技术指标操作，比如，高位平台出货、杀跌停板出货等。因此，许多散户虽然认为自己的技术已经过硬，但是依然被庄家不断提升的手法所蒙蔽。

2013年12月27日，苏交科（股票代码：300284）拉出一字涨停，在周末为股民打了一针强心剂，股价大幅拉升的序幕似乎已经拉开，但其实质却是庄家的出货伎俩。从图8-6中可以看到，苏交科的K线图在2014年1月14日—2月7日期间就出现了股价横盘于高位并且伴有些许成交量的现象，这说明庄家其实正借着股民放松的警惕的空档悄悄出货。如果这时手持该股的股民真的放松了警惕，就很可能被庄家构建出的美好幻象所迷惑，最终把自己困在美梦中（如图8-6所示）。

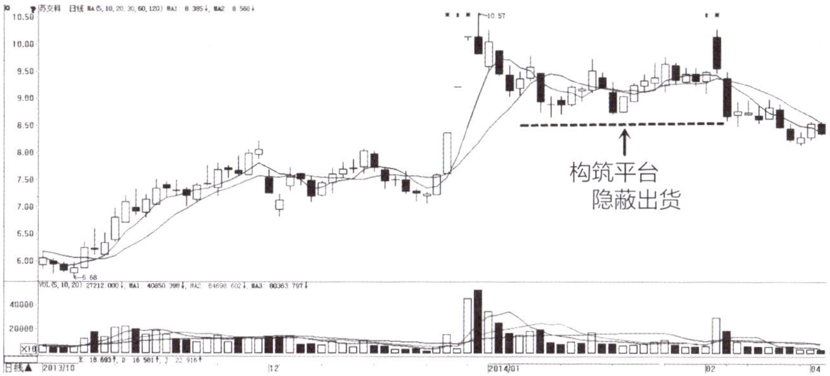

图8-6　2013年10月—2014年2月苏交科K线图

4.对庄家成本预估过高

散户虽然能对庄家的成本和预期值做一个大致的评估，但是真实的标准只有庄家知道，因此，虽然散户有时通过推测和预估认为庄家已经被套牢，但实际上庄家并没有被套牢，特别是经过多次的高抛低收后，庄家的成本已经降到一个非常低的值，很难被套牢。因此即使是庄家和散户同时被套，庄家仍然是获利者，其不出货的原因只不过是想要找一个更好的出货时机、获得更高的利润而已。

因此，对于股民朋友而言，不管庄家是否被套，一旦行情出现大幅逆转时，首先要做的就是及时减仓甚至是清仓离场。股民朋友如果完全依靠庄家来摆脱被套的困境，那么非但不能救急，还可能会引火上身。

第三节 及时止损是“保命”技能

在股市中，没有永远的常胜将军。出于各种各样的原因，一旦跟庄失败，庄家满载而归，那么股民朋友所要面对的就是由盈转平，甚至是由盈转亏的局面。在面对这种局面时，自暴自弃、破罐破摔的行为只会让自己的损失被扩大化，因此，股民朋友要学会跟庄，更要学会止损，“丢肉”毕竟比“丢命”要强。

实质上，止损是一种非常艰难的选择。如果止损后股价回升，那么止损的操作实际上带来的是一种损失；如果不止损，股价持续走低，不但错过了最后的离场“车票”而且还会让自己的损失越来越大。对于股民朋友来说，这就是在股市投资中最难把握的地方。

在这里与股民朋友分享一个网络上的小故事：

一个数学老师带着三个学生去吃饭，恰逢商家举行消费300元返30元的活动，当时已经吃了270元了，但是用餐体验并不好，饭菜极难下咽。这个时候有学生提议再点三个冰淇淋，凑够300元参加活动好了，反正最终都是要掏270元，数学老师却带着学生们结账离去。出去以后，老师给自己和学生们买了几个比较可口但价格较高的冰淇淋。他的理由是，已经吃了这么难吃的饭了，就不要因为不花钱再吃几个难吃的冰淇淋了。

很多股民可能无法理解故事中数学老师的做法，既然已经花了270

元了，那么为什么不再吃30元来凑够300元呢？其实这是一个很容易解答的问题——因为他做到了及时止损。这就好比我们花10元买了一堆烂到不能吃的水果，还要逼自己把它们吃掉，表面上看我们实现了10元的价值，实际上我们不但花了10元，还吃了一堆烂水果，是一种双重损失。

在实际的股市跟庄过程中，往往过早止损只会失去赚钱的大好机会，但对股民的影响却不大；而数次甚至有时是一次不忍止损就会使自己再也有没回本的机会。

很多股民朋友之所以在亏损时不愿意及时止损，是因为总是拥有一种“不卖不亏”的错误概念。在股价下跌的时候，不管行情如何都要牢牢攥住手中的持股，只要不转换为现金就不会存在亏损的问题。但是在股票下跌的过程中，不但存在非常大的变数，而且账户实际的市值处在亏损的状态，股票被套的时间越长，损失也就变得越大，最后很可能连回本的机会都没有。

中材科技（股票代码：002080）从2013年3月开始经过了长达两个月的洗盘后，庄家放开手脚开始大幅拉升股价，该股股价一度从10元左右上涨到了17元左右，涨幅将近70%。2013年6月3日，该股以一根长阴线停止了上涨态势，随后就进入了反复震荡的阶段。在股民还未知未觉的时候，庄家已经开始了高位出货。如果股民朋友在9月中旬到11月中旬这段平台构筑时期仍然抱有幻想或者被贪婪蒙蔽了双眼，那么在接下来的时间里就要品尝自己没有及时止损所带来的恶果了。从图8-7中可以看出，该股从2013年12月2日—2014年1月21日一直处于下跌的趋势，并且股价下跌到了9元左右的位置。由此可见，一旦跟庄失败，及时止损才是最明智的做法。

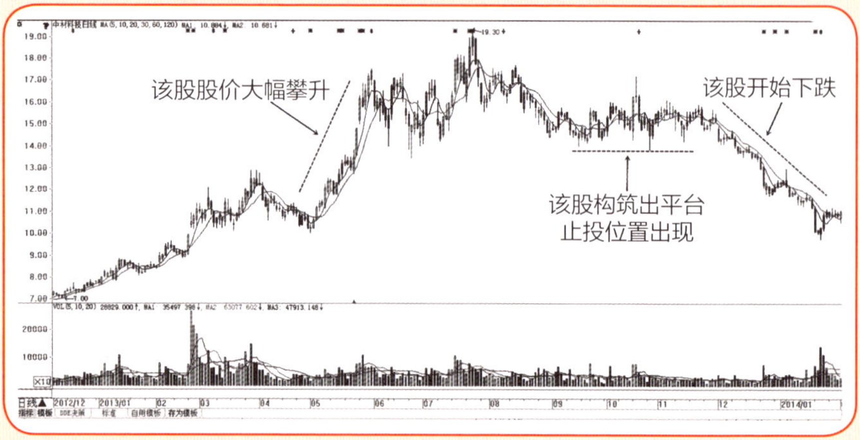

图8-7　2012年12月—2014年1月中材科技K线图

及时止损是股民朋友必修的一课，那么怎样才能合理地设置止损呢？合理设置止损首先要了解的是自己的承受能力是多少。比如一个人在股市中投入了100元，他的心里只能承受10%的亏损，那么当损失达到10元的时候就应该坚决、果断地割肉离场，等止损离场后再做详细的打算。

通常来说，止损的设置在不同的市场中有不同的比较合适的设置范围。弱市止损可以设置在8%~20%，强市止损可以设置在15%~25%。为什么会设置在这个范围呢？因为一般弱市人气低迷，一旦出现风吹草动，套利的欲望就会被激发，所以庄家在控盘的过程中为了稳定人心，会将震荡幅度控制在3%左右，如果有某种因素导致庄家坐庄失败，其出逃过程中的损失也不会太大。相反的，强市中人气旺盛，庄家想要取得筹码的难度相对较高，所以庄家就会将震荡的幅度扩大到6%左右，以便能够吸收更多的便宜筹码。

股民朋友可以通过参考下表的数据来设置适合自己的合理止损位置：

%

止损范围	代表意义
10~25	风险相对较小
30~45	风险相对较大
50~65	翻本概率较小
70~80	基本没有翻本机会

为什么不同的止损范围有着不一样的代表意义呢？因为在股市中只有将持股转换为现金才算真正地完成股市投资，不同的亏损范围所需要的本金升值额度不同，如下表所示：

%

亏损范围	本金所需升值
10~25	13~40
30~45	45~70
50	100
70	200
80	400

可见，跟庄时止损至关重要。止损是跟庄失败时的唯一“保命”技能，股市中的任何跟庄技能都没有止损来得直接。因此，止损不应该被当作“鸡肋”，而是应该当一种非常重要的自保手段。

第四节　五大策略，告别套牢

俗话说：“常在河边走，哪能不湿鞋？”不管股民在股市中闯荡了多久，谁都不敢保证自己永远不会被套。股市新人与老手的区别就在于，在被套之后新人无法应对，而老手则是有各种各样的策略来应对不同的情况。通常有以下五种策略：

1.优胜劣汰，换庄操作

当股民朋友在跟庄的过程中发现该庄家实力有限，控制的个股已经明显成为“体弱股”，短时间内很难再出现大的行情时，就应该忍痛抛弃该股，换手进入市场中有强庄坐镇的“体强股”，以便能够在“体强股”中获得足够的利益来弥补在“体弱股”造成的损失。

2014年下半年，新安股份（股票代码：600596）虽然保持总体趋势上涨，但是其6个月的涨幅仅仅为14%，远低于同时期上证指数66%的涨幅。这种在大市牛气冲天的环境下，非但没有跑赢大盘甚至还被大盘甩开很远距离的个股就可以被称作“体弱股”，虽然股民朋友如果介入其中也可以赚取少许利益，但却承担了与收益不相称的巨额风险（如图8-8、图8-9所示）。

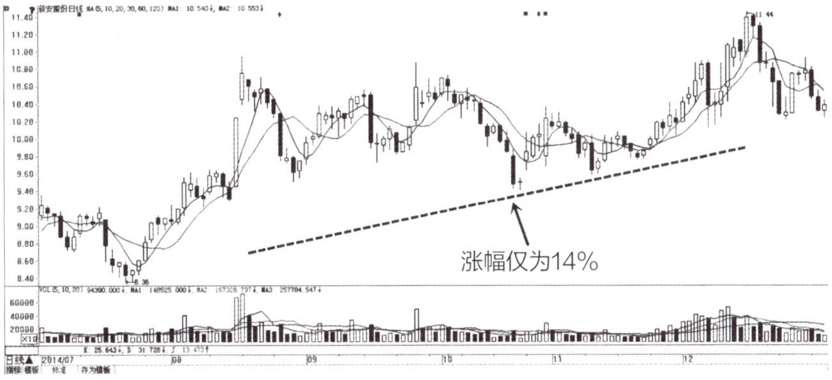

图8-8　2014年下半年新安股份K线图

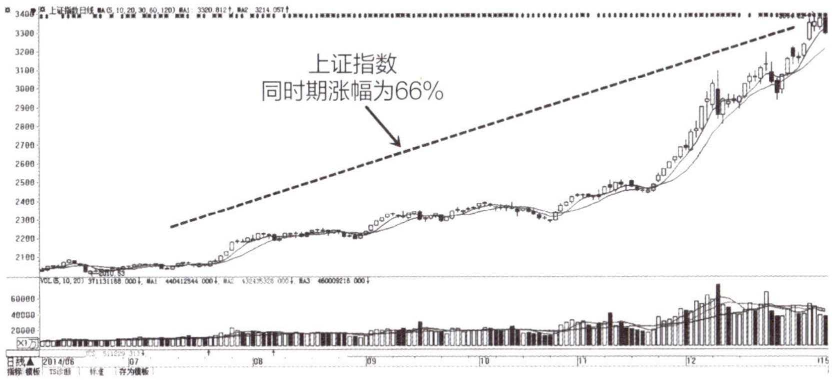

图8-9　2014年下半年上证指数K线图

2.咬紧牙关，忍痛割肉

如果股民朋友在跟庄时发现庄家已经满载出逃，而自己已经被套在高位，并且该股相关公司运营与获利都不理想，整体投资环境也在向着恶化的方向发展，便应该咬紧牙关，及时斩仓，尽早将手中持股抛出，以便能够尽量减少损失。尤其是得失心比较重的股民，更应如此，否则不但会损失钱财，还很有可能会影响身心健康，得不偿失，毕竟身体才是革命的本钱。

3.积极应对，向下平摊

当整体投资环境并没有变化，股民朋友只是因为一时的大盘回档被套时，在拥有闲置资金的前提下，可以选择利用闲置的资金进行向下平摊操作。这种策略可以购入更多的低价筹码，在股价回升时，就能套取更多的利益。

4.以勤补拙，分批解套

很多股民都有过“买入就跌，卖出就涨”的痛苦经历。出现这种情况通常是因为股民没有正确地认识到个股的性质，对走势做出了错误的判断所导致的。所以，当股民手中的持股套牢，又没有办法准确地判断出该股是否还会持续下跌的时候，就可以选择采取“分批解套”的策略。这种策略主旨是将手中持有的套牢个股分批卖出，在卖出的同时，补进其他的“体强股”。这样做既可以用“体强股”所套取的利益来弥补之前的损失，又可以避免一次性卖光套牢股，在其整盘待发时产生遗憾之情。

5.平静心态，守株待免

这种策略的总体思想相对消极，当股民在跟庄过程中，已经满仓被深度套牢，既不能割肉又没有多余的财力补仓，并且该股本质良好，又有充裕时间的时候，通常可以采取这种解套策略。

该策略的核心内容就是要有信心和耐心。当然这种信心和耐心并不代表盲目的自信和自暴自弃的心态。只有通过认真地分析和研究，认清手中持股的内在价值，才算是真正拥有了信心。而耐心则是来自对股市自然运作规律的认知程度。一轮大的熊市调整周期往往都会持续很长的时间，下跌的空间也就变得巨大，一些没有认清股市的股民就会觉得牛市的来临变得漫长无期，已经没有解套的希望，便开始自暴自弃。其实只要拥有足够的耐心，就不会出现这种在股市低谷时期割肉卖出，等牛市真正来临追悔莫及的现象。

2012年对于手持中青宝（股票代码：300052）的股民来说是悲惨的一年，该股除了有小幅下跌以外，基本处于横盘状态，而且是跌到哪里就横在哪里。股价一度下跌到8.40元。对于患得患失的股民来说，这样的折磨绝对是不可忍受的，所以在此期间并不缺乏割肉离场者。直到2013年4月中旬，该股连续收出4条阳线，为依旧手持该股苦苦等待的股民带来了新的希望。之后将近半年的时间内，该股没有辜负众人的期望，一路仰头向上，高唱上涨之歌。到了2013年9月6日，该股成功登上90.48元的高位，股价相比2012年的8.40元，上涨了将近9倍，成功地完成从“弱股”到“妖股”的华丽蜕变，也给了拥有足够耐心、坚持陪它走完这一程的股民一个完美的交代（如图8-10所示）。

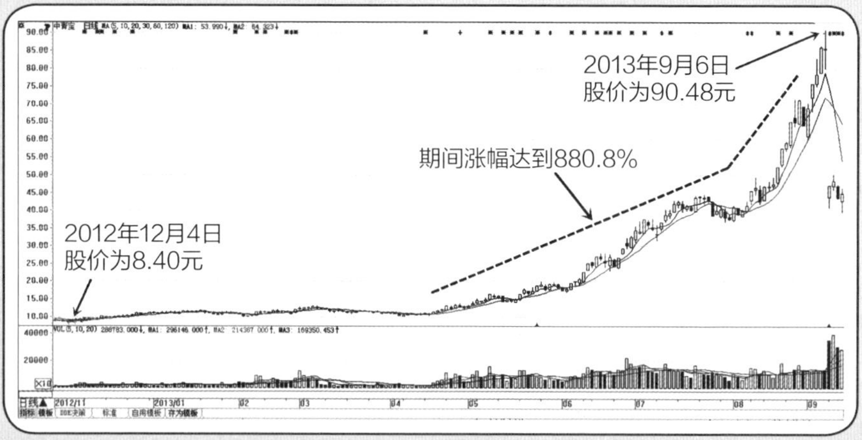

图8-10　2012年11月—2013年9月中青宝K线图

被套牢并不可怕，可怕的是被套后不舍得解套。虽然解套有时会带来一定的痛苦，但解套也会带来解脱。因此，股民朋友在害怕解套或者不敢解套，被套牢时，只有合理运用恰当的解套策略，才能为自己创造出更多的盈利机会。